ŒUVRES
DE
MOLIERE,
NOUVELLE ÉDITION

Enrichie de Figures en taille-douce.

TOME SIXIEME.

A AMSTERDAM,
AUX DÉPENS DE LA COMPAGNIE.

M. DCC. LXXII.

MONSIEUR

DE

POURCEAUGNAC,

COMÉDIE.

Tome VI.   A

TABLE
DES PIECES CONTENUES
dans ce sixiéme Volume.

M. DE POURCEAUGNAC.

LES AMANS MAGNIFIQUES.

LE BOURGEOIS GENTILHOMME.

A 2

ACTEURS

ACTEURS DE LA COMÉDIE.

MONSIEUR DE POURCEAUGNAC.
ORONTE, Pere de Julie.
JULIE, Fille d'Oronte.
ERASTE, Amant de Julie.
NERINE, Femme d'intrigue, feinte Picarde.
LUCETTE, feinte Gafconne.
SBRIGANI, Napolitain, homme d'intrigue.
PREMIER MEDECIN.
SECOND MEDECIN.
UN APOTHICAIRE.
UN PAYSAN.
UNE PAYSANNE.
PREMIER SUISSE.
SECOND SUISSE.
UN EXEMPT.
DEUX ARCHERS.

ACTEURS DU BALLET.

UNE MUSICIENNE.
DEUX MUSICIENS.
TROUPE DE DANSEURS.
DEUX MAITRES A DANSER.
DEUX PAGES danfans.
QUATRE CURIEUX de Spectacles danfans.
DEUX SUISSES danfans.
DEUX MEDECINS grotefques.
MATASSINS danfans.
DEUX AVOCATS chantans.
DEUX PROCUREURS danfans.
DEUX SERGENS danfans.
TROUPE DE MASQUES.
UNE EGYPTIENNE chantant.
UN EGYPTIEN chantant.
UN PANTALON chantant.
CHŒUR DE MASQUES chantans.
SAUVAGES danfans.
BISCAYENS danfans.

La Scene eft à Paris.

Mr DE POURCEAUGNAC

MONSIEUR DE POURCEAUGNAC,

COMÉDIE-BALLET

ACTE PREMIER

SCÈNE PREMIÈRE.

ERASTE, UNE MUSICIENNE, DEUX MUSICIENS *chantans*, PLUSIEURS AUTRES *joüant des instrumens*, TROUPE DE DANSEURS.

ERASTE *aux Musiciens & aux Danseurs.*

SUIVEZ les ordres que je vous ai donnés pour la sérénade. Pour moi, je me retire, & ne veux point paroître ici.

A 3

SCENE II.

UNE MUSICIENNE, DEUX MUSICIENS *chantans*, **PLUSIEURS AUTRES** *joüans des instrumens*, **TROUPE DE DANSEURS.**

Cette sérénade est composée de chants, d'instrumens, & de danses. Les paroles qui s'y chantent ont rapport à la situation où Eraste se trouve avec Julie, & expriment les sentimens de deux amans qui sont traversés dans leur amour par le caprice de leurs parens.

UNE MUSICIENNE.

Répands, charmante nuit, répands sur tous les yeux
  De tes pavots la douce violence,
Et ne laisse veiller en ces aimables lieux,
Que les cœurs que l'amour soûmet à sa puissance.
  Tes ombres & ton silence,
  Plus beaux que le plus beau jour,
Offrent de doux momens à soupirer d'amour.

I. MUSICIEN.

  Que soupirer d'amour
  Est une douce chose,
 Quand rien à nos vœux ne s'oppose !
A d'aimables penchans notre cœur nous dispose ;
Mais on a des tyrans à qui on doit le jour.
  Que soupirer d'amour
  Est une douce chose,
 Quand rien à nos vœux ne s'oppose !

COMEDIE.

2. MUSICIEN.

Tout ce qu'à nos vœux on oppofe,
Contre un parfait amour ne gagne jamais rien ;
Et, pour vaincre toute chofe,
Il ne faut, que s'aimer bien.

TOUS TROIS ENSEMBLE.

Aimons-nous donc d'une ardeur éternelle ;
Les rigueurs des parens, la contrainte cruelle,
L'abfence, les travaux, la fortune rebelle,
Ne font que redoubler une amitié fidelle ;
Aimons-nous donc d'une ardeur éternelle ;
Quand deux cœurs s'aiment bien,
Tout le refte n'eft rien.

PREMIERE ENTRÉE DE BALLET.

Danfe de deux Maîtres à danfer.

II. ENTRÉE DE BALLET.

Danfe de deux Pages.

III. ENTRÉE DE BALLET.

Quatre curieux de Spectacles, qui ont pris querelle pendant la danfe des deux Pages, danfent en fe battant l'épée à la main.

IV. ENTRÉE DE BALLET.

Deux Suiffes féparent les quatre combattans ; &, après les avoir mis d'accord, danfent avec eux.

SCENE III.

JULIE, ERASTE, NERINE.

JULIE.

Mon Dieu ! Eraste, gardons d'être surpris ; je tremble qu'on ne nous voie ensemble ; & tout seroit perdu après la défense que l'on m'a faite.

ERASTE.

Je regarde de tous côtés, & je n'apperçois rien.

JULIE *à Nérine.*

Aie aussi l'œil au guet, Nérine, & prends bien garde qu'il ne vienne personne.

NERINE *se retirant dans le fond du Théatre.*

Reposez-vous sur moi, & dites hardiment ce que vous avez à vous dire.

JULIE.

Avez-vous imaginé pour notre affaire quelque chose de favorable, & croyez-vous, Eraste, pouvoir venir à bout de détourner ce fâcheux mariage que mon pere s'est mis en tête ?

ERASTE.

Au moins y travaillons-nous fortement ; & déja nous avons préparé un bon nombre de batteries pour renverser ce dessein ridicule.

NERINE *accourant à Julie.*

Par ma foi, voilà votre pere.

JULIE.

Ah ! Séparons-nous vîte.

NERINE.

Non, non, non, ne bougez, je m'etois trompée.

JULIE.

Mon Dieu ! Nérine, que tu es sotte de nous donner de ces frayeurs.

ERASTE.

Oui, belle Julie, nous avons dressé pour cela quantité de machines, & nous ne feignons point de mettre tout en usage, sur la permission que vous m'avez donnée. Ne nous demandez point tous les ressorts que nous ferons jouer, vous en aurez le divertissement ; & , comme aux Comédies, il est bon de vous laisser le plaisir de la surprise, & de ne vous avertir point de tout ce qu'on vous fera voir. C'est assez de vous dire que nous avons en main divers stratagêmes tous prêts à produire dans l'occasion; & que l'ingénieuse Nérine, & l'adroit Sbrigani entreprennent l'affaire.

NERINE.

Assurément. Votre père se moque-t-il, de vouloir vous enger de son Avocat de Limoges, Monsieur de Pourceaugnac, qu'il n'a vu de la vie, & qui vient par le Coche vous enlever à notre barbe ? Faut-il que trois ou quatre mille écus de plus, sur la parole de votre oncle, lui fassent rejetter un amant qui vous agrée ; Et une personne comme vous est-elle faite pour un Limosin ? S'il a envie de se marier, que ne prend il une Limosine, & ne laisse-t-il en repos les Chrétiens ? Le seul nom de Monsieur de Pourceaugnac m'a mise dans une colere effroyable. J'enrage de Monsieur de Pourceaugnac. Quand il n'y auroit que ce nom-là, Monsieur de Pourceaugnac, j'y brûlerai mes livres, ou je romprai ce mariage ; & vous ne serez point Madame de Pourceaugnac. Pourceaugnac ! Cela se peut-il souffrir ? Non, Pourceaugnac est une chose que je ne sçaurois supporter, & nous lui jouerons tant de pièces, nous lui ferons tant de niches sur niches, que nous renvoyerons à Limoges Monsieur de Pourceaugnac.

ERASTE.

Voici notre subtil Napolitain, qui nous dira des nouvelles.

SCENE IV.
JULIE, ERASTE, SBRIGANI, NERINE.

SBRIGANI.

Monsieur, votre homme arrive. Je l'ai vu à trois lieues d'ici, où a couché le Coche & dans la cuisine où il est descendu pour déjeûner, je l'ai étudié une bonne demie-heure, & je le sçais déjà par cœur. Pour sa figure, je ne veux point vous en parler, vous verrez de quel air la nature l'a dessiné, & si l'ajustement qui l'accompagne y répond comme il faut ; mais, pour son esprit, je vous avertis par avance, qu'il est des plus épais qui se fassent ; que nous trouvons en lui une matiere tout-à-fait disposée pour ce que nous voulons, & qu'il est homme enfin, à donner dans tous les panneaux qu'on lui presentera.

ERASTE.
Nous dis-tu vrai ?

SBRIGANI.
Oui, si je me connois en gens.

NERINE.
Madame, voilà un illustre. Votre affaire ne pouvoit être mise en de meilleures mains, & c'est le héros de notre siecle pour les exploits dont il s'agit ; un homme qui, vingt fois en sa vie, pour servir ses amis, a généreusement affronté les galeres ; qui, au péril de ses bras & de ses épaules, sçait mettre noblement à fin les aventures les plus difficiles ; & qui, tel que vous le voyez, est exilé de son pays, pour je ne sçais combien d'actions honorables qu'il a généreusement entreprises.

COMEDIE.
SBRIGANI.
Je suis confus des louanges dont vous m'honorez, & je pourrois vous en donner avec plus de justice sur les merveilles de votre vie; & principalement sur la gloire que vous acquites, lorsqu'avec tant d'honnêteté vous pipâtes au jeu, pour douze mille écus, ce jeune Seigneur étranger que l'on mena chez vous; lorsque vous fîtes galamment ce faux contrat qui ruina toute une famille; lorsque, avec tant de grandeur d'ame, vous sçûtes nier le dépôt qu'on vous avoit confié; & que, si généreusement, on vous vit prêter votre témoignage à faire pendre ces deux personnes qui ne l'avoient pas mérité.

NERINE.
Ce sont petites bagatelles qui ne valent pas qu'on en parle; & vos éloges me font rougir.

SBRIGANI.
Je veux bien épargner votre modestie, laissons cela; &, pour commencer notre affaire, allons vite joindre notre Provincial, tandis que, de votre côté, vous nous tiendrez prêts au besoin les autres Acteurs de la Comédie.

ERASTE.
Au moins, Madame, souvenez-vous de votre rôle; &, pour mieux couvrir notre jeu, feignez, comme on vous a dit, d'être la plus contente du monde des résolutions de votre pere.

JULIE.
S'il ne tient qu'à cela, les choses iront à merveille.

ERASTE.
Mais, belle Julie, si toutes nos machines venoient à ne pas réussir?

JULIE.
Je déclarerois à mon pere mes véritables sentimens.

ERASTE.
Et si, contre vos sentimens, il s'obstinoit à son dessein.

JULIE.

Je le menacerois de me jetter dans un couvent.

ERASTE.

Mais si, malgré tout cela, il vouloit vous forcer à ce mariage.

JULIE.

Que voulez-vous que je vous dise?

ERASTE.

Ce que je veux que vous me disiez?

JULIE.

Oui.

ERASTE.

Ce qu'on dit quand on aime bien.

JULIE.

Mais quoi?

ERASTE.

Que rien ne pourra vous contraindre; & que, malgré tous les efforts d'un pere, vous me promettez d'être à moi.

JULIE.

Mon Dieu! Eraste, contentez-vous de ce que je fais maintenant, & n'allez point tenter sur l'avenir les résolutions de mon cœur; ne fatiguez point mon devoir par les propositions d'une fâcheuse extrémité, dont peut-être nous n'aurons pas besoin; &, s'il y faut venir, souffrez au moins que j'y sois entraînée par la suite des choses.

ERASTE.

Hé bien....

SBRIGANI.

Ma foi, voici notre homme, songeons à nous.

NERINE.

Ah! comme il est bâti!

COMEDIE

SCENE V.
M. DE POURCEAUGNAC, SBRIGANI.

M. DE POURCEAUGNAC *se tournant du côté d'où il est venu, & parlant à des gens qui le suivent.*

HÉ bien, quoi ? qu'est-ce ? qu'y-a-t-il ? au diantre soit la sotte ville, & les sottes gens qui y sont ! ne pouvoir faire un pas sans trouver des nigauds qui vous regardent & qui se mettent à rire ! hé, Messieurs les badauds, faites vos affaires, & laissez passer les personnes sans leur rire au nez. Je me donne au diable, si je ne baille un coup de poing au premier que je verrai rire.

SBRIGANI *parlant aux mêmes personnes.*
Qu'est-ce que c'est, Messieurs, que veut dire cela ? A qui en avez-vous ? faut-il se moquer ainsi des honnêtes étrangers qui arrivent ici ?

M. DE POURCEAUGNAC.
Voilà un homme raisonnable, celui-là.

SBRIGANI.
Quel procédé est le vôtre, & qu'avez-vous à rire ?

M. DE POURCEAUGNAC.
Fort bien.

SBRIGANI.
Monsieur a-t-il quelque chose de ridicule en soi ?

M. DE POURCEAUGNAC.
Oui.

SBRIGANI.
Est-il autrement que les autres ?

M. DE POURCEAUGNAC.
Suis-je tortu, ou bossu ?

SBRIGANI.
Apprenez à connoître les gens.

M. DE POURCEAUGNAC.
C'est bien dit.
SBRIGANI.
Monsieur est d'une mine à respecter.
M. DE POURCEAUGNAC.
Cela est vrai.
SBRIGANI.
Personne de condition.
M. DE POURCEAUGNAC.
Oui. Gentilhomme Limosin.
SBRIGANI.
Homme d'esprit.
M. DE POURCEAUGNAC.
Qui a étudié en droit.
SBRIGANI.
Il vous fait trop d'honneur de venir dans votre Ville.
M. DE POURCEAUGNAC.
Sans doute.
SBRIGANI.
Monsieur n'est pas une personne à faire rire.
M. DE POURCEAUGNAC.
Assurément.
SBRIGANI.
Et quiconque rira de lui, aura affaire à moi.
M. DE POURCEAUGNAC, à Sbrigani.
Monsieur, je vous suis infiniment obligé.
SBRIGANI.
Je suis fâché, Monsieur, de voir recevoir de la sorte une personne comme vous, & je vous demande pardon pour la Ville.
M. DE POURCEAUGNAC.
Je suis votre serviteur.
SBRIGANI.
Je vous ai vu ce matin, Monsieur, avec le coche, lorsque vous avez déjeûné; & la grace avec laquelle vous mangiez votre pain, m'a fait naître de l'amitié pour vous; &, comme je sçais que vous n'êtes jamais venu en ce pays, & que vous y êtes tout neuf,

COMEDIE.

je suis bien-aise de vous avoir trouvé, pour vous offrir mon service à cette arrivée, & vous aider à vous conduire parmi ce peuple, qui n'a pas, par fois, pour les honnêtes gens, toute la considération qu'il faudroit.

M. DE POURCEAUGNAC.
C'est trop de grace que vous me faites.

SBRIGANI.
Je vous l'ai déja dit ; du moment que je vous ai vu, je me suis senti pour vous de l'inclination.

M. DE POURCEAUGNAC.
Je vous suis obligé.

SBRIGANI.
Votre phisionomie m'a plu.

M. DE POURCEAUGNAC.
Ce m'est beaucoup d'honneur.

SBRIGANI.
J'y ai vû quelque chose d'honnête.

M. DE POURCEAUGNAC.
Je suis votre serviteur.

SBRIGANI.
Quelque chose d'aimable.

M. DE POURCEAUGNAC.
Ah, ah !

SBRIGANI.
De gracieux.

M. DE POURCEAUGNAC.
Ah, ah !

SBRIGANI.
De doux.

M. DE POURCEAUGNAC.
Ah, ah !

SBRIGANI.
De majestueux.

M. DE POURCEAUGNAC.
Ah, ah !

SBRIGANI.
De franc.

M. DE POURCEAUGNAC,

Ah, ah !

SBRIGANI.
Et de cordial.

M. DE POURCEAUGNAC.
Ah, ah.

SBRIGANI.
Je vous assure que je suis tout à vous.

M. DE POURCEAUGNAC.
Je vous ai beaucoup d'obligation.

SBRIGANI.
C'est du fond du cœur que je parle.

M. DE POURCEAUGNAC.
Je le crois.

SBRIGANI.
Si j'avois l'honneur d'être connu de vous, vous sçauriez que je suis homme tout-à-fait sincere.

M. DE POURCEAUGNAC.
Je n'en doute point.

SBRIGANI.
Ennemi de la fourberie.

M. DE POURCEAUGNAC.
J'en suis persuadé.

SBRIGANI.
Et qui n'est pas capable de déguiser ses sentimens. Vous regardez mon habit qui n'est pas fait comme les autres ; mais je suis originaire de Naples, à votre service, & j'ai voulu conserver un peu la maniere de s'habiller, & la sincerité de mon pays.

M. DE POURCEAUGNAC.
C'est fort bien fait. Pour moi, j'ai voulu me mettre à la mode de la Cour pour la campagne.

SBRIGANI.
Ma foi, cela vous va mieux qu'à tous nos Courtisans.

M. DE POURCEAUGNAC.
C'est ce que m'a dit mon tailleur. L'habit est propre & riche, & il fera du bruit ici.

COMÉDIE.

SBRIGANI.
Sans doute. N'irez-vous pas au Louvre?

M. DE POURCEAUGNAC.
Il faudra bien aller faire ma cour.

SBRIGANI.
Le Roi sera ravi de vous voir.

M. DE POURCEAUGNAC.
Je le crois.

SBRIGANI.
Avez-vous arêté un logis.

M. DE POURCEAUGNAC.
Non, j'en allois chercher un.

SBRIGANI.
Je serai bien-aise d'être avec vous pour cela, & je connois tout ce pays-ci.

SCENE VI.
ERASTE, M. DE POURCEAUGNAC, SBRIGANI.

ERASTE.

AH! Qu'est-ce ceci? Que vois-je? Quelle heureuse rencontre! Monsieur de Pourceaugnac! Que je suis ravi de vous voir! Comment? Il semble que vous ayez peine à me reconnoître?

M. DE POURCEAUGNAC.
Monsieur, je suis votre serviteur.

ERASTE.
Est-il possible que cinq ou six années m'aient ôté de votre mémoire, & que vous ne reconnoissiez pas le meilleur ami de toute la famille des Pourceaugnacs?

M. DE POURCEAUGNAC.
Pardonnez-moi. (*bas à Sbrigani.*) Ma foi, je ne sçais qui il est.

ERASTE.

Il n'y a pas un Pourceaugnac à Limoges que je ne connoisse, depuis le plus grand jusqu'au plus petit; je ne fréquentois qu'eux dans le tems que j'y étois, & j'avois l'honneur de vous voir presque tous les jours.

M. DE POURCEAUGNAC.

C'est moi qui l'ai reçu, Monsieur.

ERASTE.

Vous ne vous remettez point mon visage.

M. DE POURCEAUGNAC.

Si fait. (*à Sbrigani.*) Je ne le connois point.

ERASTE.

Vous ne vous ressouvenez pas que j'ai eu le bonheur de boire, je ne sçais combien de fois avec vous.

M. DE POURCEAUGNAC.

Excusez-moi. (*à Sbrigani.*) Je ne sçais ce que c'est.

ERASTE.

Comment appellez-vous ce Traiteur de Limoges qui fait si bonne chere.

M. DE POURCEAUGNAC.

Petit Jean.

ERASTE.

Le voilà. Nous allions le plus souvent ensemble chez lui nous réjouir. Comment est-ce que vous nommez à Limoges ce lieu où l'on se promene.

M. DE PORCEAUGNAC.

Le Cimetiere des arénes?

ERASTE.

Justement. C'est où je passois de si douces heures à jouir de votre agréable conversation. Vous ne vous remettez pas tout cela?

M. DE POURCEAUGNAC.

Excusez-moi, je me le remets. (*à Sbrigani.*) Diable emporte, si je m'en souviens.

SBRIGANI *bas à M. de Pourceaugnac.*
Il y a cent choses comme cela qui paſſent de la tête.
ERASTE.
Embraſſez-moi donc, je vous prie, & reſſerrons les
nœuds de notre ancienne amitié.
SBRIGANI *à M. de Pourceaugnac.*
Voilà un homme qui vous aime fort.
ERASTE.
Dites-moi un peu des nouvelles de toute la parenté.
Comment ſe porte Monſieur votre ... là ... qui est
ſi honnête-homme?
M. DE POURCEAUGNAC.
Mon frere le Conſul?
ERASTE.
Oui.
M. DE POURCEAUGNAC.
Il ſe porte le mieux du monde.
ERASTE.
Certes j'en ſuis ravi. Et celui qui eſt de ſi bonne hu-
meur? là..... Monſieur votre....
M. DE POURCEAUGNAC.
Mon couſin l'Aſſeſſeur?
ERASTE.
Juſtement.
M. DE POURCEAUGNAC.
Toujours gai & gaillard.
ERASTE.
Ma foi, j'en ai beaucoup de joie. Et Monſieur votre
oncle?....Le....
M. DE POURCEAUGNAC.
Je n'ai point d'oncle.
ERASTE.
Vous en aviez pourtant en ce tems-là.
M. DE POURCEAUGNAC.
Non. Rien qu'une tante.
ERASTE.
C'eſt ce que je voulois dire, Madame votre tante,
comment ſe porte-t-elle?

M. DE POURCEAUGNAC,

M. DE POURCEAUGNAC.
Elle est morte depuis six mois.

ERASTE.
Hélas! la pauvre femme! Elle étoit si bonne personne.

M. DE POURCEAUGNAC.
Nous avons aussi mon neveu le Chanoine, qui a pensé mourir de la petite vérole.

ERASTE.
Quel dommage c'auroit été!

M. DE POURCEAUGNAC.
Le connoissez-vous aussi?

ERASTE.
Vraiment si je le connois! Un grand garçon bien fait.

M. DE POURCEAUGNAC.
Pas des plus grands.

ERASTE.
Non, mais de taille bien prise.

M. DE POURCEAUGNAC.
Hé, oui.

ERASTE.
Qui est votre neveu.

M. DE POURCEAUGNAC.
Oui.

ERASTE.
Fils de votre frere ou de votre sœur.

M. DE POURCEAUGNAC.
Justement.

ERASTE.
Chanoine de l'Eglise de... Comment l'appellez-vous?

M. DE POURCEAUGNAC.
De saint Etienne.

ERASTE.
Le voilà; je ne connois autre.

M. DE POURCEAUGNAC à Sbrigani.
Il dit toute ma parenté.

Il vous connoît plus que vous ne croyez.

M. DE POURCEAUGNAC.

A ce que je vois, vous avez demeuré long-tems dans notre ville?

ERASTE.

Deux ans entiers.

M. DE POURCEAUGNAC.

Vous étiez donc-là, quand mon cousin l'Elu fit tenir son enfant à Monsieur nôtre Gouverneur.

ERASTE.

Vraiment oui, j'y fus convié des premiers.

M. DE POURCEAUGNAC.

Cela fut galant.

ERASTE.

Très-galant.

M. DE POURCEAUGNAC.

C'étoit un repas bien troublé.

ERASTE.

Sans doute.

M. DE POURCEAUGNAC.

Vous vîtes donc aussi la querelle que j'eus avec ce Gentilhomme Périgourdin?

ERASTE.

Oui.

M. DE POURCEAUGNAC.

Parbleu, il trouva à qui parler.

ERASTE.

Ah!

M. DE POURCEAUGNAC.

Il me donna un soufflet; mais je lui dis bien son fait.

ERASTE.

Assurément. Au reste, je ne prétends pas que vous preniez d'autre logis que le mien.

M. DE POURCEAUGNAC.

Je n'ai garde de...

ERASTE.

Vous moquez-vous?

M. DE POURCEAUGNAC,

que mon meilleur ami soit autre part que dans ma maison.

M. DE POURCEAUGNAC.
Ce seroit vous...

ERASTE.
Non. Vous avez beau faire, vous logerez chez moi.

SBRIGANI à M. de Pourceaugnac.
Puisqu'il le veut obstinément, je vous conseille d'accepter l'offre.

ERASTE.
Où sont vos hardes.

M. DE POURCEAUGNAC.
Je les ai laissées avec mon valet, où je suis descendu.

ERASTE.
Envoyons-les quérir par quelqu'un.

M. DE POURCEAUGNAC.
Non, je lui ai défendu de bouger, à moins que j'y fusse moi-même de peur de quelque fourberie.

SBRIGANI.
C'est prudemment avisé.

M. DE POURCEAUGNAC.
Ce pays-ci est un peu sujet à caution.

ERASTE.
On voit les gens d'esprit en tout.

SBRIGANI.
Je vais accompagner Monsieur, & le ramenerai où vous voudrez.

ERASTE.
Oui. Je serois bien-aise de donner quelques ordres, & vous n'avez qu'à revenir à cette maison-là.

SBRIGANI.
Nous sommes à vous tout-à-l'heure.

ERASTE à M. de Pourceaugnac.
Je vous attends avec impatience.

M. DE POURCEAUGNAC à Sbrigani.
Voilà une connoissance où je ne m'attendois point.

SBRIGANI.
Il a la mine d'être honnête-homme.

ERASTE *seul.*

Ma foi, Monsieur de Pourceaugnac, nous vous en donnerons de toutes les façons; les choses sont préparées, & je n'ai qu'à frapper. Hola.

SCENE VII.

UN APOTHICAIRE, ERASTE.

ERASTE.

Je crois, Monsieur, que vous êtes le Médecin à qui l'on est venu parler de ma part.

L'APOTHICAIRE.

Non, Monsieur, ce n'est pas moi qui suis le Médecin; à moi n'appartient pas cet honneur, & je ne fus qu'Apothicaire, Apothicaire indigne pour vous servir.

ERASTE.

Et Monsieur le Médecin est-il à la maison?

L'APOTHICAIRE.

Oui. Il est-là embarrassé à expédier quelques malades, & je vais lui dire que vous êtes ici.

ERASTE.

Non, ne bougez; j'attendrai qu'il ait fait. C'est pour lui mettre entre les mains certain parent que nous avons, dont on lui a parlé, & qui se trouve attaqué de quelque folie que nous serions bien-aises qu'il pût guérir, avant que de le marier.

L'APOTHICAIRE.

Je sçais ce que c'est, je sçais ce que c'est, & j'étois avec lui quand on lui a parlé de cette affaire. Ma foi, ma foi, vous ne pouviez pas vous adresser à un Médecin plus habile; c'est un homme qui sçait la médecine à fond, comme je sçais ma croix de par

Dieu ; & qui, quand on devroit crever, ne démor-
droit pas, d'un *iota*, des regles des anciens. Oüi, il
suit toujours le grand chemin, le grand chemin, &
ne va point chercher midi à quatorze heures ; &,
pour tout l'or du monde, il ne voudroit pas avoir
guéri une personne avec d'autres remedes que ceux
que la Faculté permet.

ERASTE.
Il fait fort bien. Un malade ne doit point vouloir
guérir, que la Faculté n'y consente.

L'APOTHICAIRE.
Ce n'est pas parce que nous sommes grands amis,
que j'en parle ; mais il y a plaisir d'être son malade,
& j'aimerois mieux mourir de ses remedes, que de
guérir de ceux d'un autre ; car, quoiqu'il puisse arriver, on est assuré que les choses sont toujours dans
l'ordre ; quand on meurt sous sa conduite, vos héri-
tiers n'ont rien à vous reprocher.

ERASTE.
C'est une grande consolation pour un défunt.

L'APOTHICAIRE.
Assurément. On est bien-aise au moins d'être mort
méthodiquement. Au reste, il n'est pas de ces Médecins qui marchandent les maladies ; c'est un homme expéditif, expéditif, qui aime à dépêcher ses malades ; & quand on a à mourir, cela se fait avec lui
le plus vîte du monde.

ERASTE.
En effet, il n'est rien tel que de sortir promptement
d'affaire.

L'APOTHICAIRE.
Cela est vrai. A quoi bon tant barguigner, & tant
tourner autour du pot ? Il faut sçavoir vîtement le
court ou le long d'une maladie.

ERASTE.
Vous avez raison.

L'APOTHICAIRE.
Voilà déjà trois de mes enfans dont il m'a fait l'honneur

COMÉDIE.

neur de conduire la maladie, qui sont morts en moins de quatre jours, & qui, entre les mains d'un autre, auroient langui plus de trois mois.

ERASTE.
Il est bon d'avoir des amis comme cela.

L'APOTHICAIRE.
Sans doute. Il ne me reste que deux enfans, dont il prend soin comme des siens ; il les traite & gouverne à sa fantaisie, sans que je me mêle de rien ; & le plus souvent, quand je reviens de la ville, je suis tout étonné que je les trouve saignés ou purgés par son ordre.

ERASTE.
Voilà des soins fort obligeans.

L'APOTHICAIRE.
Le voici, le voici, le voici qui vient.

SCENE VIII.

ERASTE, PREMIER MEDECIN, UN APOTHICAIRE, UN PAYSAN, UNE PAYSANNE.

LE PAYSAN *au Médecin*.

Monsieur, il n'en peut plus ; & il dit qu'il sent dans la tête les plus grandes douleurs du monde.

I. MEDECIN.
Le malade est un sot ; d'autant plus que, dans la maladie dont il est attaqué, ce n'est pas la tête, selon Galien, mais la rate, qui lui doit faire mal.

LE PAYSAN.
Quoi que c'en soit, Monsieur, il a toujours avec cela son cours de ventre depuis six mois.

Tome VI.   B

1. MEDECIN.

Bon. C'est signe que le dedans se dégage. Je l'irai visiter dans deux ou trois jours ; mais, s'il mouroit avant ce tems-là, ne manquez pas de m'en donner avis, car il n'est pas de la civilité qu'un Médecin visite un mort.

LA PAYSANNE *au Médecin*.

Mon pere, Monsieur, est toujours malade de plus en plus.

1. MEDECIN.

Ce n'est pas ma faute. Je lui donne des remedes, que ne guérit-il ? combien a-t-il été saigné de fois ?

LA PAYSANNE.

Quinze, Monsieur, depuis vingt jours.

1. MEDECIN.

Quinze fois saigné ?

LA PAYSANNE.

Oui.

1. MEDECIN.

Et il ne guérit point ?

LA PAYSANNE.

Non, Monsieur.

1. MEDECIN.

C'est signe que la maladie n'est pas dans le sang. Nous le ferons purger autant de fois, pour voir si elle n'est pas dans les humeurs ; & si rien ne nous réussit, nous l'envoyerons aux bains.

L'APOTHICAIRE.

Voilà le fin de cela, voilà le fin de la Médecine.

COMEDIE.

SCENE IX.

ERASTE, PREMIER MÉDECIN, UN APOTHICAIRE.

ERASTE *au Médecin.*

C'Est moi, Monsieur, qui vous ai envoyé parler ces jours passés, pour un parent un peu troublé d'esprit, que je veux vous donner chez vous, afin de le guérir avec plus de commodité, & qu'il soit vu de moins de monde.

I. MEDECIN.

Oui, Monsieur, j'ai déjà disposé tout, & promets d'en avoir tous les soins imaginables.

ERASTE.

Le voici fort à propos.

I. MEDECIN.

La conjoncture est tout-à-fait heureuse, & j'ai ici un ancien de mes amis, avec lequel je serai bien aise de consulter sa maladie.

SCENE X.

M. DE POURCEAUGNAC, ERASTE, PREMIER MÉDECIN, UN APOTHICAIRE.

ERASTE *à M. de Pourceaugnac.*

UNe petite affaire m'est survenue, qui m'oblige
(*Montrant le Médecin.*)
à vous quitter ; mais voilà une personne, entre les

mains de qui je vous laisse, qui aura soin pour moi de vous traiter du mieux qu'il lui sera possible.

I. MEDECIN.
Le devoir de ma profession m'y oblige, & c'est assez que vous me chargiez de ce soin.

M. DE POURCEAUGNAC *à part.*
C'est son maître d'hôtel, sans doute, & il faut que ce soit un homme de qualité.

I. MEDECIN *à Eraste.*
Oui, je vous assure que je traiterai Monsieur méthodiquement, & dans toutes les régularités de notre art.

M. DE POURCEAUGNAC.
Mon Dieu, il ne me faut point tant de cérémonies; & je ne viens pas ici pour incommoder.

I. MEDECIN.
Un tel emploi ne me donne que de la joie.

ERASTE.
Voilà toujours dix pistoles d'avance, en attendant ce que j'ai promis.

M. DE POURCEAUGNAC.
Non, s'il vous plaît, je n'entends pas que vous fassiez de dépense, & que vous envoyiez rien acheter pour moi.

ERASTE.
Mon Dieu, laissez-moi faire, ce n'est pas pour ce que vous pensez.

M. DE POURCEAUGNAC.
Je vous demande de ne me traiter qu'en ami.

ERASTE.
(bas au Médecin.)
C'est ce que je veux faire. Je vous recommande, sur-tout, de ne le point laisser sortir de vos mains; car, par fois, il veut s'échaper.

I. MEDECIN.
Ne vous mettez pas en peine.

COMEDIE.

ERASTE à M. de Pourceaugnac.

Je vous prie de m'excuser de l'incivilité que je commets.

M. DE POURCEAUGNAC.

Vous vous moquez; & c'est trop de grace que vous me faites.

SCENE XI.

M. DE POURCEAUGNAC, PREMIER MÉDECIN, SECOND MÉDECIN, UN APOTHICAIRE.

CE m'est beaucoup d'honneur, Monsieur, d'être choisi pour vous rendre service.

M. DE POURCEAUGNAC.

Je suis votre serviteur.

I. MEDECIN.

Voici un habile homme, mon confrere, avec lequel je vais consulter la maniere dont nous vous traiterons.

M. DE POURCEAUGNAC.

Il ne faut point tant de façons, vous dis-je; & je suis homme à me contenter de l'ordinaire.

I. MEDECIN.

Allons des sieges.

(*Des laquais entrent & donnent des sieges.*)

M. DE POURCEAUGNAC *à part.*

Voilà, pour un jeune homme, des domestiques bien lugubres.

I. MEDECIN.

Allons, Monsieur, prenez votre place, Monsieur.

(*Les deux Médecins font asseoir M. de Pourceaugnac entre eux deux.*)

M. DE POURCEAUGNAC *s'asseyant.*

Votre très-humble valet.

(*Les deux Médecins lui prennent chacun une main pour lui tâter le pouls.*)

Que veut dire cela.

I. MEDECIN.

Mangez-vous bien, Monsieur.

M. DE POURCEAUGNAC.

Oui, & bois encore mieux.

I. MEDECIN.

Tant pis. Cette grande appétition du froid & de l'humide, est une indication de la chaleur & sécheresse qui est au-dedans. Dormez-vous fort ?

M. DE POURCEAUGNAC.

Oui, quand j'ai bien soupé.

I. MEDECIN.

Faites-vous des songes ?

M. DE POURCEAUGNAC.

Quelquefois.

I. MEDECIN.

De quelle nature sont-ils ?

M. DE POURCEAUGNAC.

De la nature des songes. Quelle diable de conversation est-ce là ?

I. MEDECIN.

Vos déjections, comment sont-elles ?

M. DE POURCEAUGNAC.

Ma foi, je ne comprends rien à toutes ces questions & je veux plutôt boire un coup.

I. MEDECIN.

Un peu de patience. Nous allons raisonner sur votre affaire devant vous, & nous le ferons en François, pour être plus intelligibles.

M. DE POURCEAUGNAC.

Quel grand raisonnement faut-il pour manger un morceau ?

COMEDIE.
1. MEDECIN.

Comme ainsi soit qu'on ne puisse guérir une maladie, qu'on ne la connoisse parfaitement, & qu'on ne la puisse parfaitement connoître, sans en bien établir l'idée particuliere, & la véritable espece, par ses signes diagnostiques & pronostiques ; vous me permettrez, Monsieur notre ancien, d'entrer en consideration de la maladie dont il s'agit, avant que de toucher à la thérapeutique, & aux remedes qu'il nous conviendra faire pour la parfaite curation d'icelle. Je dis donc, Monsieur, avec votre permission, que notre malade ici present est malheureusement attaqué, affecté, possédé, travaillé de cette sorte de folie, que nous nommons fort bien, mélancolie hypocondriaque, espece de mélancolie très-fâcheuse, & qui ne demande pas moins qu'un Esculape comme vous, consommé dans notre art ; vous, dis-je, qui avez blanchi, comme on dit, sous le harnois, & auquel il en a tant passé par les mains de toutes les façons. Je l'appelle mélancolie hypocondriaque, pour la distinguer des deux autres ; car le célebre Galien établit doctement, à son ordinaire, trois especes de cette maladie que nous nommons mélancolie, ainsi appellée non-seulement par les Latins, mais encore par les Grecs, ce qui est bien à remarquer pour notre affaire. La premiere, qui vient du propre vice du cerveau ; la seconde, qui vient de tout le sang, fait & rendu attrabilaire ; la troisieme, appellée hypocondriaque, qui est la nôtre, laquelle procede du vice de quelque partie du bas-ventre, & de la région inférieure ; mais particuliérement de la rate, dont la chaleur & l'inflammation porte au cerveau de notre malade beaucoup de fuligines épaisses & crasses, dont la vapeur noire & maligne cause dépravation aux fonctions de la faculté princesse, & fait la maladie dont, par notre raisonnement, il est atteint & convaincu. Qu'ainsi ne soit, pour diagnostique incontestable de ce que je dis, vous n'avez qu'à considérer ce grand sérieux que vous voyez, cette tristesse accompagnée de crainte & de défiance, signes pathognomoniques & individuels de cette maladie, si bien marquée chez le divin vieillard Hyppocrate; cette physionomie, ces yeux rouges & hagards, cette grande barbe, cette habitude du corps menue, grêle, noire, & velue, lesquels signes le dénotent très-affecté de cette maladie, procédante du vice des hypocondres; laquelle maladie par laps de tems naturalisée, manifestement envieillie, habituée, & ayant pris droit de bourgeoisie chez lui, pourroit bien dégénérer ou en manie, ou en phtysie, ou en apoplexie, ou même en fine frénésie & fureur. Tout ceci supposé, puisqu'une maladie bien connue est à demi guérie; car *ignoti nulla est curatio morbi*, il ne vous sera pas difficile de convenir des remedes que nous devons faire à Monsieur. Premierement, pour remédier à cette pléthore obturante, & à cette cacochymie luxuriante par tout le corps, je suis d'avis qu'il soit phlébotomisé libéralement, c'est-à-dire, que les saignées soient fréquentes & plantureuses; en premier lieu de la basilique, puis de la céphalique, & même, si le mal est opiniâtre, de lui ouvrir la veine du front, & que l'ouverture soit large, afin que le gros sang puisse sortir; & en même-tems, de le purger, désopiler, & évacuer par purgatifs propres & convenables, c'est-à-dire, par cholagogues, mélanogogues, & *cætera*; & comme la véritable source de tout le mal, est, ou une humeur crasse & féculente, ou une vapeur noire & grossiere qui obscurcit, infecte & salit les esprits animaux, il est à propos ensuite qu'il prenne un bain d'eau pure & nette, avec force petit lait clair, pour purifier, par l'eau, la féculence de l'humeur crasse, & éclaircir, par le lait clair, la noirceur de cette vapeur, mais avant toute chose, je trouve qu'il est bon de le réjouir par agréables conversations, chants & instrumens de musique, à quoi il n'y a pas d'inconvénient de joindre des danseurs, afin que leurs mouvemens, disposition & agilité puissent exciter & réveiller la paresse de ses esprits engourdis, qui occasionne l'épaisseur de son sang, d'où procede la maladie. Voilà les remedes que j'imagine, auxquels pourront être ajoûtés beaucoup d'autres meilleurs, par Monsieur notre maître & ancien, suivant l'expérience, jugement, lumiere & suffisance qu'il s'est acquise dans notre Art. *Dixi*.

2. MEDECIN.

A Dieu ne plaise, Monsieur, qu'il me tombe en pensée d'ajoûter rien à ce que vous venez de dire. Vous avez si bien discouru sur tous les signes, les symptomes & les causes de la maladie de Monsieur; le raisonnement que vous en avez fait est si docte & si beau, qu'il est impossible qu'il ne soit pas fou, & mélancolique hypocondriaque; &, quand il ne le seroit pas, il faudroit qu'il le devînt, pour la beauté des choses que vous avez dites, & la justesse du raisonnement que vous avez fait. Oui, Monsieur, vous avez dépeint fort graphiquement, *graphicè depinxisti*, tout ce qui appartient à cette maladie; il ne se peut rien de plus doctement, sagement, ingénieusement conçu, pensé, imaginé que ce que vous avez prononcé au sujet de ce mal, soit pour la diagnose, ou la prognose, ou la thérapie; & il ne me reste rien ici, que de féliciter Monsieur d'être tombé en vos mains, & de lui dire qu'il est trop heureux d'être fou, pour éprouver l'efficace & la douceur des remedes que vous avez si judicieusement proposés. Je les approuve tous, *manibus & pedibus descendo in tuam sententiam*. Tout ce que je voudrois ajoûter, c'est de faire les saignées & les purgations en nombre impair, *numero Deus impare gaudet*; de prendre du lait clair avant le bain; de lui composer un fronteau où il entre du sel; le sel est symbole de la sagesse; de faire blanchir les mu-

B 5

railles de sa chambre, pour dissiper les ténebres de ses esprits, *album est disgregativam visûs*; & de lui donner tout-à-l'heure un petit lavement, pour servir de prélude & d'introduction à ces judicieux remedes, dont, s'il a à guérir, il doit recevoir du soulagement. Fasse le Ciel, que ces remedes, Monsieur, qui sont les vôtres, réussissent au malade selon notre intention.

M. DE POURCEAUGNAC.
Messieurs, il y a une heure que je vous écoute. Est-ce que nous jouons ici une Comédie?

1. MEDECIN.
Non, Monsieur, nous ne jouons point.

M. DE POURCEAUGNAC.
Qu'est-ce que tout ceci? & que voulez-vous dire avec votre galimathias & vos sottises?

1. MEDECIN.
Bon. Dire des injures. Voilà un diagnostique qui nous manquoit pour la confirmation de son mal; & ceci pourroit bien tourner en manie.

M. DE POURCEAUGNAC *à part.*
Avec qui m'a-t-on mis ici?

(*Il crache deux ou trois fois.*)

1. MEDECIN.
Autre diagnostique. La sputation fréquente.

M. DE POURCEAUGNAC.
Laissons cela, & sortons d'ici.

1. MEDECIN.
Autre encore. L'inquiétude de changer de place.

M. DE POURCEAUGNAC.
Qu'est-ce donc que toute cette affaire? Et que me voulez-vous?

1. MEDECIN.
Vous guérir, selon l'ordre qui nous en a été donné.

M. DE POURCEAUGNAC.
Me guérir?

1. MEDECIN.
Oui.

COMEDIE.

M. DE POURCEAUGNAC.
Parbleu, je ne suis pas malade.

1. MEDECIN.
Mauvais signe, lorsqu'un malade ne sent pas son mal.

M. DE POURCEAUGNAC.
Je vous dis que je me porte bien.

1. MEDECIN.
Nous sçavons mieux que vous comment vous vous portez, & nous sommes Médecins qui voyons clair dans votre constitution.

M. DE POURCEAUGNAC.
Si vous êtes Médecins, je n'ai que faire de vous ; & je me moque de la Médecine.

1. MEDECIN.
Hom, hom ! Voici un homme plus fou que nous ne pensons.

M. DE POURCEAUGNAC.
Mon pere & ma mere n'ont jamais voulu de remedes ; & ils sont morts tous deux sans l'assistance des Médecins.

1. MEDECIN.
Je ne m'étonne pas s'ils ont engendré un fils qui
(au 2. Médecin.)
est insensé. Allons, procédons à la curation ; &, par la douceur exhilarante de l'harmonie, adoucissons, lénifions, & accoisons l'aigreur de ses esprits, que je vois prêts à s'enflammer.

SCENE XII.

M. DE POURCEAUGNAC *seul*.

Que diable est-ce-là ? Les gens de ce pays-ci sont-ils insensés ? Je n'ai jamais rien vu de tel, je n'y comprends rien du tout.

SCENE XIII.
M. DE POURCEAUGNAC, DEUX MEDECINS grotesques.

(Ils s'asseient d'abord tous trois, les Médecins se levent à différentes reprises pour saluer M. de Pourceaugnac, qui se levent autant de fois pour les saluer.)

LES DEUX MEDECINS.

Buon dì, buon dì, buon dì,
Non vi lasciate uccidere,
Dal dolor malinconico,
Noi vi faremo ridere
Col nostro canto harmonico,
Sol' per guarir vi
Siamo venuti qui.
Buon dì, buon dì, buon dì.

1. MEDECIN.

Altro non è la pazzia,
Che malinconia.
L'amalato
Non è disperato,
Se vol pigliar un pocco d'allegria,
Altro non è la pazzia
Che malinconia.

2. MEDECIN.

Su, cantate, ballate, ridete;
Et, se far meglio volete,
Quando sentite il deliro vicino,
Pigliate del vino,
Et qualche volta un poco di tabac.
Allegramente, Monsu Pourceaugnac.

COMEDIE.

SCENE XIV.

M. DE POURCEAUGNAC, DEUX MEDECINS *grotesques*, MATASSINS.

ENTRÉE DE BALLET.

Danse des Matassins autour de M. de Pourceaugnac.

SCENE XV.

M. DE POURCEAUGNAC, UN APOTHICAIRE *tenant une seringue.*

L'APOTHICAIRE.

Monsieur, voici un petit remede, un petit remede, qu'il vous faut prendre, s'il vous plaît, s'il vous plaît.

M. DE POURCEAUGNAC.

Comment ? Je n'ai que faire de cela.

L'APOTHICAIRE.

Il a été ordonné, Monsieur, il a été ordonné.

M. DE POURCEAUGNAC.

Ah, que de bruit.

L'APOTHICAIRE.

Prenez-le, Monsieur, prenez-le ; il ne vous fera point de mal, il ne vous fera point de mal.

M. DE POURCEAUGNAC.

Ah !

L'APOTHICAIRE.

C'est un petit clystere, un petit clystere benin, benin ; il est benin, benin ; là, prenez, prenez, Monsieur, c'est pour déterger, pour déterger, déterger.

SCENE XVI.

M. DE POURCEAUGNAC, UN APOTHI-
CAIRE, les DEUX MEDECINS grotesques, &
les MATASSINS avec des seringues.

LES DEUX MEDECINS.

Piglia lo su,
 Signor Monsù;
Piglia lo, piglia lo, piglia lo su,
 Che non ti fara male,
Piglia lo su quæsto servitiale,
 Piglia lo su,
 Signor Monsù,
Piglia lo, piglia lo, piglia lo su,

M. DE POURCEAUGNAC.

Allez-vous en au diable.

(Monsieur de Pourceaugnac, mettant son chapeau pour se garantir des seringues, est suivi par les deux Médecins, & par les Matassins; il passe parderriere le Théatre, & revient se mettre sur sa chaise, auprès de laquelle il trouve l'Apothicaire qui l'attendoit; les deux Médecins & les Matassins rentrent aussi.)

LES DEUX MEDECINS.

Piglia lo su,
 Signor Monsù,
Piglia lo, piglia lo, piglia lo su,
 Che non ti fara male,
Piglia lo su questo servitiale,
 Piglia lo su,
 Signor Monsù,
Piglia lo, piglia lo, piglia lo su.

(M. de Pourceaugnac s'enfuit avec la chaise, l'Apothicaire appuie sa seringue contre, & les Médecins & les Matassins le suivent.

Fin du premier Acte.

COMEDIE.

ACTE II.

SCENE PREMIERE.
PREMIER MEDECIN, SBRIGANI.

1. MEDECIN.

IL a forcé tous les obstacles que j'avois mis, & s'est dérobé aux remedes que je commençois de lui faire.

SBRIGANI.
C'est être bien ennemi de soi-même, que de fuir des remedes aussi salutaires que les vôtres.

1. MEDECIN.
Marque d'un cerveau démonté, & d'une raison dépravée, que de ne vouloir pas guérir.

SBRIGANI.
Vous l'auriez guéri haut la main.

1. MEDECIN.
Sans doute, quand il y auroit eu complication de douze maladies.

SBRIGANI.
Cependant, voilà cinquantes pistoles bien acquises qu'il vous fait perdre.

1. MEDECIN.
Moi, je n'entends point les perdre, & je prétends le guérir, en dépit qu'il en ait. Il est né & engagé à mes remedes, & je veux le faire saisir où je le trouverai, comme deserteur de la Médecine, & infracteur de mes ordonnances.

SBRIGANI.
Vous avez raison. Vos remedes étoient un coup sûr, & c'est de l'argent qu'il vous vole.

1. MEDECIN.
Où puis-je en avoir des nouvelles?
SBRIGANI.
Chez le bon homme Oronte, assurément, dont il vient épouser la fille; & qui, ne sçachant rien de l'infirmité de son gendre futur, voudra peut-être se hâter de conclure le mariage.
1. MEDECIN.
Je vais lui parler tout-à-l'heure.
SBRIGANI.
Vous ne ferez point mal.
1. MEDECIN.
Il est hypotéqué à mes consultations; & un malade ne se moquera pas d'un Médecin.
SBRIGANI.
C'est fort bien dit à vous; & si vous m'en croyez, vous ne souffrirez point qu'il se marie, que vous ne l'ayez pansé tout votre saoul.
1. MEDECIN.
Laissez-moi faire.
SBRIGANI *à part, en s'en allant.*
Je vais de mon côté dresser une autre batterie; & le beau-pere est aussi dupe que le gendre.

SCENE II.

ORONTE, PREMIER MEDECIN.

1. MEDECIN.
Vous avez, Monsieur, un certain Monsieur de Pourceaugnac, qui doit épouser votre fille.
ORONTE.
Oui, je l'attends de Limoges, & il devroit être arrivé.
1. MEDECIN.
Aussi l'est-il, & il s'en est fui de chez moi, après y avoir été mis; mais je vous défends, de la part de

COMEDIE.

la Médecine, de proceder au mariage que vous avez conclu, que je ne l'aie duement préparé pour cela, & mis en état de procréer des enfans bien conditionnés & de corps & d'esprit.

ORONTE.
Comment donc ?

1. MEDECIN.
Votre prétendu gendre a été constitué mon malade; sa maladie, qu'on m'a donnée à guérir, est un meuble qui m'appartient, & que je compte entre mes effets; & je vous déclare que je ne prétends point qu'il se marie, qu'au préalable il n'ait satisfait à la Médecine, & subi les remedes que je lui ai ordonnés.

ORONTE.
Il a quelque mal ?

1. MEDECIN.
Oui.

ORONTE.
Et quel mal, s'il vous plaît.

1. MEDECIN.
Ne vous mettez pas en peine.

ORONTE.
Est-ce quelque mal....

1. MEDECIN.
Les Médecins sont obligés au secret. Il suffit que je vous ordonne, à vous & à votre fille, de ne point célébrer, sans mon consentement, vos noces avec lui, sous peine d'encourir la disgrace de la Faculté, & d'être accablé de toutes les maladies qu'il nous plaira.

ORONTE.
Je n'ai garde, si cela est, de faire le mariage.

1. MEDECIN.
On me l'a mis entre les mains, & il est obligé d'être mon malade.

ORONTE.
A la bonne heure.

1. MEDECIN.

Il a beau fuir, je le ferai condamner par Arrêt à se faire guérir par moi.

ORONTE.

J'y consens.

1. MEDECIN.

Oüi, il faut qu'il creve, ou que je le guérisse.

ORONTE.

Je le veux bien.

1. MEDECIN.

Et si je ne le trouve, je m'en prendrai à vous ; & je vous guérirai.

ORONTE.

Je me porte bien.

1. MEDECIN.

Il n'importe. Il me faut un malade, & je prendrai qui je pourrai.

ORONTE.

Prenez qui vous voudrez ; mais ce ne sera pas moi.
(seul.)
Voyez un peu la belle raison.

SCENE III.

ORONTE, SBRIGANI *en Marchand Flamand*.

SBRIGANI.

Montsir, avec le fostre permission, je suis un trancher Marchand Flamane, qui foudroit bienne fous demandair un petit nouvel.

ORONTE.

Quoi, Monsieur ?

SBRIGANI.

Mettez le fostre chapeau sur le tête, Montsir, si ve plaît.

COMEDIE. 43
ORONTE.
Dites-moi, Monsieur, ce que vous voulez.
SBRIGANI.
Moi le dire rien, Montsir, si fous le mettre pas le chapeau sur le tête.
ORONTE.
Soit. Qu'y a-t-il, Monsieur ?
SBRIGANI.
Fous connoître point en sti file un certe Montsir Oronte ?
ORONTE.
Oui, je le connois.
SBRIGANI.
Et quel homme est-ile, Montsir, si ve plaît ?
ORONTE.
C'est un homme comme les autres.
SBRIGANI.
Je fous temande, Montsir, s'il est un homme riche qui a du bienne ?
ORONTE.
Oui.
SBRIGANI.
Mais riche beaucoup grandement, Montsir ?
ORONTE.
Oui.
SBRIGANI.
J'en suis aisé beaucoup, Montsir.
ORONTE.
Mais pourquoi cela ?
SBRIGANI.
L'est, Montsir, pour un petit raisonne de conséquence pour nous.
ORONTE.
Mais encore, pourquoi ?
SBRIGANI.
L'est, Montsir, que sti Montsir Oronte donne son fille en mariage à un certe Montsir de Pourcegnac.

ORONTE.

Hé bien ?

SBRIGANI.

Et fti Montfir de Pourcegnac, Montfir, l'eft un homme qui doivre beaucoup grandement, à dix ou douze Marchanes Flamanes qui être venus ici.

ORONTE.

Ce Monfieur de Pourceaugnac doit beaucoup à dix ou douze Marchands ?

SBRIGANI.

Oui, Montfir ; &, depuis huite mois, nous afoir obtenir un petit Sentence contre lui ; & lui a remetre à payer tou ce créancier de fti mariage que fti Montfir Oronte donne pour fon fille.

ORONTE.

Hom, hom ! il a remis-là à payer fes créanciers ?

SBRIGANI.

Oui, Montfir, & avec un grant défotion nous tous attendre fti mariage.

ORONTE *à part.*

(*haut.*)

L'avis n'eft pas mauvais. Je vous donne le bon jour.

SBRIGANI.

Je remercie Montfir de la faveur grande.

ORONTE.

Votre très-humble valet.

SBRIGANI.

Je le fuis, Montfir, obliger plus que beaucoup du bon nouvel que Montfir m'avoir donné.

(*Seul, après avoir ôté fa barbe, & dépouillé l'habit de Flamand qu'il a par-deffus le fien.*)
Cela ne va pas mal. Quittons notre ajuftement de Flamand pour fonger à d'autres machines ; & tâchons de femer tant de foupçons entre le beau-pere & le gendre, que cela rompe le mariage prétendu. Tous deux également font propres à gober les hameçons qu'on leur veut tendre ; &, entre nous autres fourbes de la premiere claffe, nous ne faifons que

COMEDIE.

nous jouer lorsque nous trouvons un gibier aussi facile que celui-là.

SCENE IV.

MONSIEUR DE POURCEAUGNAC, SBRIGANI.

M. DE POURCEAUGNAC *se croyant seul*.

Piglia lo su, piglia lo su,
   Signor Mosu....

Que diable est-ce là ? (*appercevant Sbrigani*.) Ah!

SBRIGANI.

Qu'est-ce, Monsieur, qu'avez-vous ?

M. DE POURCEAUGNAC.

Tout ce que je vois me semble lavement.

SBRIGANI.

Comment?

M. DE POURCEAUGNAC.

Vous ne sçavez pas ce qui m'est arrivé dans ce logis, à la porte duquel vous m'avez conduit?

SBRIGANI.

Non, vraiment. Qu'est-ce que c'est?

M. DE POURCEAUGNAC.

Je pensois y être régalé comme il faut.

SBRIGANI.

Hé bien?

M. DE POURCEAUGNAC.

Je vous laisse entre les mains de Monsieur. Des Médecins habillés de noir. Dans une chaise. Tâter le pouls. Comme ainsi soit. Il est fou. Deux gros jouflus. Grands chapeaux. *Buon di, buon di*. Six Pantalons. Ta, ra, ta, ta, ta, ra, ta, ta, *Allegra-*

mente, *Monsu Pourceaugnac.* Apothicaire. Lavement. Prenez, Monsieur, prenez, prenez. Il est benin, benin, benin. C'est pour déterger, pour déterger, déterger. *Piglia lo su, Signor Monsu, piglia lo, piglia lo, piglia lo su.* Jamais je n'ai été si saoul de sottises.

SBRIGANI.

Qu'est-ce que tout cela veut dire ?

M. DE POURCEAUGNAC.

Cela veut dire que cette homme-là, avec ses grandes embrassades, est un fourbe, qui m'a mis dans une maison pour se moquer de moi, & me faire une piece.

SBRIGANI.

Cela est-il possible ?

M. DE POURCEAUGNAC.

Sans doute. Ils étoient une douzaine de possédés après mes chausses ; & j'ai eu toutes les peines du monde à m'échapper de leurs pattes.

SBRIGANI.

Voyez un peu ; les mines sont bien trompeuses ! je l'aurois cru le plus affectionné de vos amis. Voilà un de mes étonnemens, comme il est possible qu'il y ait de fourbes comme cela dans le monde.

M. DE POURCEAUGNAC.

Ne sens-je point le lavement ? voyez, je vous prie.

SBRIGANI.

Hé ! il y a quelque petite chose qui approche de cela.

M. DE POURCEAUGNAC.

J'ai l'odorat & l'imagination toute remplie de cela ; & il me semble toûjours que je vois une douzaine de lavemens qui me couchent en joue.

SBRIGANI.

Voilà une méchanceté bien grande ; & les hommes sont bien traîtres & scélérats.

M. DE POURCEAUGNAC.

Enseignez-moi de grace, le logis de Monsieur Oronte, je suis-bien-aise d'y aller tout-à-l'heure.

COMEDIE.

SBRIGANI.

Ah, ah! vous êtes donc de complexion amoureuse; & vous avez ouï parler que ce Monsieur Oronte a une fille....

M. DE POURCEAUGNAC.

Oui. Je viens l'épouser.

SBRIGANI.

L'é..... L'épouser?

M. DE POURCEAUGNAC.

Oui.

SBRIGANI.

En mariage?

M. DE POURCEAUGNAC.

De quelle façon donc?

SBRIGANI.

Ah! c'est une autre chose; je vous demande pardon.

M. DE POURCEAUGNAC.

Qu'est-ce que cela veut dire?

SBRIGANI.

Rien.

M. DE POURCEAUGNAC.

Mais encore?

SBRIGANI.

Rien vous dis-je. J'ai un peu parlé trop vîte.

M. DE POURCEAUGNAC.

Je vous prie de me dire ce qu'il y a là-dessous.

SBRIGANI.

Non, cela n'est point nécessaire.

M. DE POURCEAUGNAC.

De grace.

SBRIGANI.

Point. Je vous prie de m'en dispenser.

M. DE POURCEAUGNAC.

Est-ce que vous n'êtes pas de mes amis?

SBRIGANI.

Si fait. On ne peut pas l'être davantage.

M. DE POURCEAUGNAC.

Vous devez donc ne me rien cacher.

SBRIGANI.

C'est une chose où il y a de l'intérêt du prochain.

M. DE POURCEAUGNAC.

Afin de vous obliger à m'ouvrir votre cœur. Voilà une petite bague que je vous prie de garder pour l'amour de moi.

SBRIGANI.

Laissez-moi consulter un peu si je le puis faire en conscience.

(après s'être un peu éloigné de M. de Pourceaugnac.)

C'est un homme qui cherche son bien, qui tâche de pourvoir sa fille le plus avantageusement qu'il est possible; & il ne faut nuire à personne. Ce sont des choses qui sont connues à la vérité; mais j'irai les découvrir à un homme qui les ignore, & il est défendu de scandaliser son prochain. Cela est vrai; mais, d'autre part, voilà un Etranger qu'on veut surprendre, & qui, de bonne-foi, vient se marier avec une fille qu'il ne connoît pas, & qu'il n'a jamais vue; un Gentilhomme plein de franchise, pour qui je me sens de l'inclination, qui me fait l'honneur de me tenir pour son ami, prend confiance en moi, & me donne une bague à garder pour l'amour de lui.

(à M. de Pourceaugnac.)

Oui, je trouve que je puis vous dire les choses sans blesser ma conscience; mais tâchons de vous les dire le plus doucement qu'il nous sera possible, & d'épargner les gens le plus que nous pourrons. De vous dire que cette fille-là mene une vie deshonnête, cela seroit un peu trop fort; cherchons, pour nous expliquer, quelques termes plus doux. Le mot de galante aussi n'est pas assez, celui de coquette achevée, me semble propre à ce que nous voulons, & je m'en puis servir, pour vous dire honnêtement ce qu'elle est.

M. DE POURCEAUGNAC.

L'on me veut donc prendre pour dupe?

SBRIGANI.

COMEDIE.

SBRIGANI.

Peut-être, dans le fond, n'y a-t-il pas tant de mal que tout le monde croit; & puis il y a des gens, après tout, qui se mettent au-dessus de ces sortes de choses, & qui ne croient pas que leur honneur dépende...

M. DE POURCEAUGNAC.

Je suis votre serviteur, je ne me veux point mettre sur la tête un chapeau comme celui-là, & l'on aime à aller le front levé dans la famille des Pourceaugnacs.

SBRIGANI.

Voilà le père.

M. DE POURCEAUGNAC.

Ce vieillard-là?

SBRIGANI.

Oui. Je me retire.

SCENE V.

M. DE POURCEAUGNAC, ORONTE.

M. DE POURCEAUGNAC.

Bon jour, Monsieur, bon jour.

ORONTE.

Serviteur, Monsieur, Serviteur.

M. DE POURCEAUGNAC.

Vous êtes Monsieur Oronte, n'est-ce pas?

ORONTE.

Oui.

M. DE POURCEAUGNAC.

Et moi, Monsieur de Pourceaugnac.

ORONTE.

A la bonne heure.

M. DE POURCEAUGNAC.

Croyez-vous, Monsieur Oronte, que les Limosins soient des sots?

Tome VI.   C

ORONTE.

Croyez-vous, Monsieur de Pourceaugnac, que les Parisiens soient des bêtes ?

M. DE POURCEAUGNAC.

Vous imaginez-vous, Monsieur Oronte, qu'un homme comme moi, soit affamé de femme ?

ORONTE.

Vous imaginez-vous, Monsieur de Pourceaugnac, qu'une fille, comme la mienne, soit affamée de mari ?

SCÈNE VI.

JULIE, ORONTE, MONSIEUR DE POURCEAUGNAC.

JULIE.

ON vient de me dire, mon pere, que Monsieur de Pourceaugnac est arrivé. Ah ! Le voilà, sans doute, & mon cœur me le dit. Qu'il est bien fait ! Qu'il a bon air ! Et que je suis contente d'avoir un tel époux ! Souffrez que je l'embrasse, & que je lui témoigne...

ORONTE.

Doucement, ma fille, doucement.

M. DE POURCEAUGNAC *à part.*

Tudieu ! Quelle galante ! Comme elle prend feu d'abord !

ORONTE.

Je voudrois bien sçavoir, Monsieur de Pourceaugnac, par quelle raison vous venez...

JULIE *s'approche de M. de Pourceaugnac, le regarde d'un air languissant, & lui veut prendre la main.*

Que je suis aise de vous voir ! Et que je brûle d'impatience...

COMEDIE.

ORONTE.
Ah! Ma fille, ôtez-vous delà, vous dis-je.

M. DE POURCEAUGNAC à part.
Oh, oh! Quelle égrillarde!

ORONTE.
Je voudrois bien, dis-je, sçavoir par quelle raison, s'il vous plaît, vous avez la hardiesse de...

(Julie continue le même jeu.)

M. DE POURCEAUGNAC à part.
Vertu de ma vie!

ORONTE à Julie.
Encore? Qu'est-ce à dire cela?

JULIE.
Ne voulez-vous pas que je caresse l'époux que vous m'avez choisi?

ORONTE.
Non. Rentrez là-dedans.

JULIE.
Laissez-moi le regarder.

ORONTE.
Rentrez, vous dis-je.

JULIE.
Je veux demeurer-là, s'il vous plaît.

ORONTE.
Je ne veux pas, moi, &, si tu ne rentres tout-à-l'heure, je...

JULIE.
Hé bien, je rentre.

ORONTE.
Ma fille est une sotte, qui ne sçait pas les choses.

M. DE POURCEAUGNAC à part.
Comme nous lui plaisons!

ORONTE à Julie qui est restée, après avoir fait quelques pas pour s'en aller.
Tu ne veux pas te retirer?

JULIE.
Quand est-ce donc que vous me marierez avec Monsieur?

C 2

ORONTE.
Jamais, & tu n'es pas pour lui.
JULIE.
Je le veux avoir, moi, puisque vous me l'avez promis.
ORONTE.
Si je te l'ai promis, je te le dépromets.
M. DE POURCEAUGNAC *à part.*
Elle voudroit bien me tenir.
JULIE.
Vous avez beau faire, nous serons mariés ensemble en dépit de tout le monde.
ORONTE.
Je vous en empêcherai bien tous deux, je vous assure. Voyez un peu quel *vertigo* lui prend.

SCENE VII.

ORONTE, MONSIEUR DE POURCEAUGNAC.

M. DE POURCEAUGNAC.

Mon Dieu ! Notre beau-pere prétendu, ne vous fatiguez point tant ; on n'a pas envie de vous enlever votre fille, & vos grimaces n'attraperont rien.

ORONTE.
Toutes les vôtres n'auront pas grand effet.

M. DE POURCEAUGNAC.
Vous êtes-vous mis dans la tête que Léonard de Pourceaugnac soit un homme à acheter chat en poche ? Et qu'il n'ait pas là-dedans quelque morceau de judiciaire pour se conduire ; pour se faire informer de l'histoire du monde ; & voir, en se mariant, si son honneur a bien toutes ses sûretés ?

COMEDIE.
ORONTE.
Je ne sçais pas ce que cela veut dire ; mais vous êtes-vous mis dans la tête, qu'un homme de soixante & trois ans ait si peu de cervelle, & considere si peu sa fille, que de la marier avec homme qui a ce que vous sçavez ; & qui a été mis chez un Médecin pour être pansé ?

M. DE POURCEAUGNAC.
C'est une piece que l'on m'a faite, & je n'ai aucun mal.

ORONTE.
Le Médecin me l'a dit lui-même.

M. DE POURCEAUGNAC.
Le Médecin en a menti. Je suis Gentilhomme, & je le veux voir l'épée à la main.

ORONTE.
Je sçais ce que j'en dois croire ; & vous ne m'abuserez pas là-dessus, non plus que sur les dettes que vous avez assignées sur le mariage de ma fille.

M. DE POURCEAUGNAC.
Quelles dettes ?

ORONTE.
La feinte ici est inutile, & j'ai vu le marchand Flamand, qui, avec les autres créanciers, a obtenu depuis huit mois Sentence contre vous.

M. DE POURCEAUGNAC.
Quel marchand Flamand ? Quels créanciers ? Quelle Sentence obtenue contre moi ?

ORONTE.
Vous sçavez bien ce que je veux dire.

SCENE VIII.

LUCETTE, ORONTE, MONSIEUR DE POURCEAUGNAC.

LUCETTE *contrefaisant une Languedocienne.*

AH! Tu es àffi, & à la fi yeu te tròbi après abé fait tant de passés. Podes-tu, scélérat, podes-tu sousteni ma bisto?

M. DE POURCEAUGNAC.

Qu'est-ce que veut cette femme-là?

LUCETTE.

Que te boli, infame! Tu fas sémblan de nou me pa connouisse, & nou rougisses pas, impudint que tu sios, tu ne rougisses pas de me beyre?

(*à Oronte.*)

Nou sabi pas, Moussur, saquos bous dont m'an dit que bouillo espousa la fillo; may yeu bous déclari que yeu soun sa fenno; & que y'a sét ans, Moussur, qu'en passant à Pézénas el auguet l'adresse dambé sas mignardisos, commo sap tapla fayre, de me gagna lou cor, & m'obliguel pra quel moueyen à ly donna la man per l'espousa.

ORONTE.

Oh, oh!

M. DE POURCEAUGNAC.

Que diable est-ce ceci?

LUCETTE.

Lou trayte me quittel trés ans après, sul préteste de qualques affayres que l'apelabon dins soun pays, & despey noun l'y rescau put quaso de noubelo, may dins lou tens qui soungeabi l'ou mens, m'an dounat abist, que begnio dins aquesto bilo, per se remarida dambé un autro jouena fillo, que sous parens ly an procurado, sense saupré res de sou pre-

COMÉDIE.

mié-mariatge. Yeu ai tout quittat en diligensio, & me soüy rendudo dins aqueste loc lou pu leau qu'ay pouscut, per m'oupousa en aquel criminel mariatge, confondre as elys de tout le monde lou plus méchant day hommes.

M. DE POURCEAUGNAC.
Voilà une étrange effrontée!

LUCETTE.
Impudint; n'as pas de honte de m'injuria, allioc d'être confus day reproches secrets que ta consiensso te den fayre?

M. DE POURCEAUGNAC.
Moi, je suis votre mari?

LUCETTE.
Infame, gausos-tu dire lou contrari? Hé tu sabes bé, per ma penno, que n'és que trop bertat; & plaguesso al cel qu'aco nou fougesso pas, & que m'auquesso layssado dins l'état d'innoussenço, & dins la tranquilitat oun moun amo bibio daban que tous charmes & tas tromparies noun m'en benguesson malhurousomen faire sourty; yeu nou serio pas reduito à fayre lou triste persounatge que yeu fave presentomen; à beyre un marit cruel mespresa touto l'ardou que yeu ay per el, & me laissa sense cap de piétat abandounado à la mourtéles doulous que yeu ressenti de sas perfidos acciüs.

ORONTE.
Je ne sçaurois m'empêcher de pleurer.
(à M. de Pourceaugnac.)
Allez vous êtes un méchant homme.

M. DE POURCEAUGNAC.
Je ne connois rien à tout ceci.

C 4

SCENE IX.

NERINE, LUCETTE, ORONTE, M. DE POURCEAUGNAC.

NERINE *contrefaisant une Picarde.*

AH! Je n'en pis plus, je sis toute essoflée. Ah! Finfaron, tu m'as bien fait courir, tu ne m'écaperas mie. Justiche, Justiche; je boute empêchement au mariage. (*à Oronte.*) Chés mon méri, Monsieu, & je veux faire pindre ché bon pindard-là.

M. DE POURCEAUGNAC.
Encore!

ORONTE *à part.*
Quel diable d'homme est-ce-ci?

LUCETTE.
Et que boulez-vous dire, ambé boftre empachomen, & boftro pendarie? Quaquel homo es boftre marit?

NERINE.
Oui, Medéme, & je sis sa femme.

LUCETTE.
A quo es faus, aquos yeu que soun sa fenno, & se deuestre pendut, aquo sara yeu que l'ou farai penjat.

NERINE.
Je n'entains mie ché baragoin-là.

LUCETTE.
Yeu bous disi que yeu soun sa fenno.

NERINE.
Sa femme?

LUCETTE.
Oy.

NERINE.
Je vous dis que chest mi, encore in coup, qui le sis.

COMEDIE.

LUCESTE.
Et yeu bous soustenir yeu qu'aquos yeu.
NERINE.
Il y a quetre ans qu'il m'a épofée.
LUCETTE.
Et yeu set ans y a que m'a preso per fenno.
NERINE.
J'ai des gairants de tout cho que je di.
LUCETTE.
Ton mon pays lo sap.
NERINE.
No ville en est témoin.
LUCETTE.
Toù Pézenas à bist nostre mariatge.
NERINE.
Tout chin Quentin a assisté à no noche.
LUCETTE.
Nou y a res de tant béritable.
NERINE.
Il gn'y a rien de plus chertain.
LUCETTE à M. de Pourceaugnac.
Gausos-tu cire lou contrari valisquos ?
NERINE à M. de Pourceaugnac.
Est-che que tu me démentiras, méchaint homme ?
M. DE POURCEAUGNAC.
Il est aussi vrai l'un que l'autre.
LUCETTE.
Quaingnimpudinsso ! Et couffy, misérable, nou te soubennes plus de la pavro François, & del pavre Jeannet, que soun lous fruits de nostre mariatge ?
NERINE.
Bayez un peu l'insolence. Quoi, tu ne te souviens mie de chette pauvre ainfain, no petite Madelaine, que tu m'as laichée pour gâge de te foi ?
M. DE POURCEAUGNAC.
Voilà deux impudentes carognes.
LUCETTE.
Beni François, beni Jeannet, beni touston, beni

M. DE POURCEAUGNAC,

touftaine, beni fayre beyre à un payre dénaturat, la duretat quel a per noftres.

NERINE.

Venez, Madeleine, me n'ainfain, venez vefen ichi faire honte à vo pere de l'impudainche qu'il au.

SCENE X.

ORONTE, MONSIEUR DE POURCEAUGNAC, LUCETTE, NERINE, PLUSIEURS ENFANS.

LES ENFANS.

AH! Mon papa, mon papa, mon papa!

M. DE POURCEAUGNAC.

Diantre foit des petits fils de putains.

LUCETTE.

Coufly, trayte, tu nou fiôs pas dins la darniare confufiu, de reffaupre à tal tous enfans, & de ferma l'aureillo à la tendreffo paternello? Tu nou m'efcapéras pas, infame, yeu te boly feguy per tout, & te reproucha ton crime jufquos à tant que me fio beniado, & que t'ayo fayt penjat, couqui, te boly fayré penjat.

NERINE.

Ne rougis-tu mie de dire ches mots-là? & d'être infainfible aux careffes de chette pauvre ainfain? Tu ne te fauveras mie de mes pattes; &, en dépit de tes dains, je ferai bien voir que je fis ta femme, & je te ferai pindre.

LES ENFANS.

Mon papa, mon papa, mon papa!

M. DE POURCEAUGNAC.

Au fecours, au fecours! Où fuirai-je? Je n'en puis plus.

COMÉDIE. 59
ORONTE à *Lucette* & à *Nérine*.
Allez, vous ferez bien de le faire punir, il mérite d'être pendu.

SCENE XI.

SBRIGANI *seul.*

JE conduis de l'œil toutes choses, & tout cela ne va pas mal. Nous fatiguerons tant notre Provincial, qu'il faudra, ma foi, qu'il déguerpisse.

SCENE XII.

MONSIEUR DE POURCEAUGNAC, SBRIGANI.

M. DE POURCEAUGNAC.

AH ! Je suis assommé. Quelle peine ! Quelle maudite ville ! Assassiné de tous côtés !

SBRIGANI.

Qu'est-ce, Monsieur ? Est-il encore arrivé quelque chose ?

M. DE POURCEAUGNAC.

Oui. Il pleut en ce pays des femmes & des lavemens.

SBRIGANI.

Comment donc ?

M. DE POURCEAUGNAC.

Deux carognes de baragouineuses me sont venu accuser de les avoir épousées toutes deux, & me menacent de la justice.

SBRIGANI.

Voilà une méchante affaire ; & la Justice, en ce pays-ci, est rigoureuse en diable contre cette sorte de crime.

C 6

M. DE POURCEAUGNAC.

Oui ; mais quand il y auroit information, ajournement, decret & jugement obtenu par surprise, défaut & contumace, j'ai la voie de conflit de jurisdiction pour temporiser, & venir aux moyens de nullité qui seront dans les procédures.

SBRIGANI.

Voilà en parler dans tous les termes ; & l'on voit bien, Monsieur, que vous êtes du métier.

M. DE POURCEAUGNAC.

Moi ? Point du tout. Je suis Gentilhomme.

SBRIGANI.

Il faut bien, pour parler ainsi, que vous ayez étudié la pratique.

M. DE POURCEAUGNAC.

Point. Ce n'est que le sens commun qui me fait juger que je serai toujours reçu à mes faits justificatifs, & qu'on ne me sçauroit condamner sur une simple accusation, sans un recollement & confrontation avec mes Parties.

SBRIGANI.

En voilà du plus fin encore.

M. DE POURCEAUGNAC.

Ces mots-là me viennent sans que je les sçache.

SBRIGANI.

Il me semble que le sens commun d'un Gentilhomme peut bien aller à concevoir ce qui est du Droit, & de l'ordre de la Justice ; mais non pas à sçavoir les vrais termes de la chicane.

M. DE POURCEAUGNAC.

Ce sont quelques mots que j'ai retenus en lisant les Romans.

SBRIGANI.

Ah ! fort bien.

M. DE POURCEAUGNAC.

Pour vous montrer que je n'entends rien du tout à la chicane, je vous prie de me mener chez quelque Avocat pour consulter mon affaire.

COMEDIE.
SBRIGANI.

Je le veux, & vais vous conduire chez deux hommes fort habiles ; mais j'ai auparavant à vous avertir de n'être point surpris de leur maniere de parler ; ils ont contracté du Barreau certaine habitude de déclamation, qui fait que l'on diroit qu'ils chantent, & vous prendrez pour Musique tout ce qu'ils vous diront.

M. DE POURCEAUGNAC.

Qu'importe comme ils parlent, pourvu qu'ils me disent ce que je veux sçavoir.

SCENE XIII.

MONSIEUR DE POURCEAUGNAC, SBRIGANI, deux AVOCATS, deux PROCUREURS, deux SERGENS.

1. AVOCAT *traînant ses paroles en chantant.*

> La polygamie est un cas,
> Est un cas pendable.

2. AVOCAT *chantant fort vîte, en bredouillant.*

> Votre fait
> Est clair & net,
> Et tout le droit,
> Sur cet endroit,
> Conclut tout droit.
> Si vous consultez nos Auteurs,
> Législateurs & Glossateurs,
> Justinien, Papinian,
> Ulpian, & Tribonian,
> Fernand Rebuffe, Jean Imole,
> Paul Caftre, Julien, Barthole,
> Jason, Alciat, & Cujas,
> Ce grand homme si capable,
> La polygamie est un cas,
> Est un cas pendable.

ENTRÉE DE BALLET

Danse de deux Procureurs & de deux Sergens.

Pendant que le 2. AVOCAT chante les paroles qui suivent:

Tous les Peuples policés,
Et bien sensés;
Les François, Anglois, Hollandois,
Danois, Suédois, Polonois,
Portugais, Espagnols, Flamands,
Italiens, Allemands,
Sur ce fait tiennent loi semblable,
Et l'affaire est sans embarras.
La polygamie est un cas,
Est un cas pendable.

Le I. AVOCAT chante celles-ci.

La polygamie est un cas,
Est un cas pendable.

(*M. de Pourceaugnac impatienté les chasse.*)

Fin du second Acte.

ACTE III.

SCENE PREMIERE.

ERASTE, SBRIGANI.

SBRIGANI.

OUI, les choses s'acheminent où nous voulons; &, comme ses lumieres sont fort petites, & son sens le plus borné du monde, je lui ai fait prendre une frayeur si grande de la sévérité de la Justice de ce pays, & des apprêts qu'on faisoit déjà pour sa mort, qu'il veut prendre la fuite; & pour se dérober avec plus de facilité aux gens que je lui ai dit qu'on avoit mis pour l'arêter aux Portes de la Ville, il est résolu à se déguiser, & le déguisement qu'il a pris, est l'habit de femme.

ERASTE.
Je voudrois bien le voir en cet équipage.

SBRIGANI.
Songez de votre part à achever la Comédie; & tandis que je jouerai mes scenes avec lui, allez-vous-en. (*Il lui parle à l'oreille.*) Vous entendez bien.

ERASTE.
Oui.

SBRIGANI.
Et lorsque je l'aurai mis où je veux. (*Il lui parle à l'oreille.*)

ERASTE.
Fort bien.

SBRIGANI.
Et quand le pere aura été averti par moi. (*Il lui parle encore à l'oreille.*)

ERASTE.
Cela va le mieux du monde.
SBRIGANI.
Voici notre Demoiselle. Allez vîte, qu'il ne nous voie ensemble.

SCENE II.

M. DE POURCEAUGNAC *en femme*,
SBRIGANI.

SBRIGANI.

Pour moi, je ne crois pas qu'en cet état on puisse jamais vous connoître, & vous avez la mine, comme cela, d'une femme de condition.

M. DE POURCEAUGNAC.
Voilà ce qui m'étonne, qu'en ce pays-ci les formes de la Justice ne soient point observées.

SBRIGANI.
Oui, je vous l'ai déjà dit. Il commencent ici par faire pendre un homme, & puis ils lui font son procès.

M. DE POURCEAUGNAC.
Voilà une Justice bien injuste.

SBRIGANI.
Elle est sévére comme tous les diables, particuliérement sur ces sortes de crimes.

M. DE POURCEAUGNAC.
Mais quand on est innocent?

SBRIGANI.
N'importe. Ils ne s'enquêtent point de cela; & puis, ils ont en cette Ville une haine effroyable pour les gens de votre pays, & ils ne sont point plus ravis que de voir pendre un Limosin.

M. DE POURCEAUGNAC.
Qu'est-ce que les Limosins leur ont donc fait?

COMEDIE.

SBRIGANI.

Ce sont des brutaux, ennemis de la gentillesse & du mérite des autres Villes. Pour moi, je vous avoue que je suis pour vous dans une peur épouventable; & je ne me consolerois de ma vie, si vous veniez à être pendu.

M. DE POURCEAUGNAC.

Ce n'est pas tant la peur de la mort qui me fait fuir, que de ce qu'il est fâcheux à un Gentilhomme d'être pendu, & qu'une preuve comme celle-là, feroit tort à nos titres de noblesse.

SBRIGANI.

Vous avez raison ; on vous contesteroit après cela le titre d'Ecuyer. Au reste, étudiez-vous, quand je vous menerai par la main, à bien marcher comme une femme, & à prendre le langage, & toutes les manieres d'une personne de qualité.

M. DE POURCEAUGNAC.

Laissez-moi faire, j'ai vu les personnes du bel air. Tout ce qu'il y a, c'est que j'ai un peu de barbe.

SBRIGANI.

Votre barbe n'est rien, & il y a des femmes qui en ont autant que vous. Çà, voyons un peu comme vous ferez. (*Après que Monsieur de Pourceaugnac a contrefait la femme de condition.*) Bon.

M. DE POURCEAUGNAC.

Allons donc, mon carrosse ; où est-ce qu'est mon carrosse ? Mon Dieu, qu'on est misérable, d'avoir des gens comme cela ? Est-ce qu'on me fera attendre toute la journée sur le pavé, & qu'on ne me fera point venir mon carrosse ?

SBRIGANI.

Fort bien.

M. DE POURCEAUGNAC.

Holà, ho, cocher, petit laquais. Ah ! Petit fripon, que de coups de fouet je vous ferai donner tantôt ! Petit laquais, petit laquais. Où est-ce donc qu'est ce petit laquais ? Ce petit laquais ne se trouvera-t-il

68 DE POURCEAUGNAC,
point ? Ne me fera-t-on point venir ce petit laquais ? Est-ce que je n'ai point un petit laquais dans le monde ?

SBRIGANI.

Voilà qui va à merveille ; mais je remarque une chose ; cette coëffe est un peu trop déliée, j'en vais quérir une un peu plus épaisse, pour mieux cacher le visage, en cas de quelque rencontre.

M. DE POURCEAUGNAC.

Que deviendrai-je cependant ?

SBRIGANI.

Attendez-moi là, je suis à vous dans un moment, vous n'avez qu'à vous promener.

(M. de Pourceaugnac fait plusieurs tours sur le Theatre, continuant à contrefaire la femme de qualité.)

SCENE III.

MONSIEUR DE POURCEAUGNAC, DEUX SUISSES.

1. SUISSE sans voir M. de Pourceaugnac.

Allons, dépechons, camarade, ly faut allair tous deux à la crève, pour regarter un peu chousticier sti Monsir de Pourcegnac, qui l'a été contané par ortonnance à l'être pendu par son cou.

2. SUISSE sans voir M. de Pourceaugnac.

Ly faut nous loër un fenestre pour voir sti choustice.

1. SUISSE.

Ly disent que l'on fait téja planter un grand potence tout neuve, pour ly accrochir sti Porcegnac. Hola, Ly sira, mon foi, un grand plaisir, d'y regarter pendre sti Limosin.

COMEDIE.

1. SUISSE.
Oui, te li foir gambiller les pieds en haut tefant tout le monde.

2. SUISSE.
Ly eft un plaiçant trôle, oui, ly difent que s'être marié troy foye.

1. SUISSE.
Sti tiable ly fouloir troy femmes à ly tout feul, ly être bien affez t'une.

2. SUISSE *appercevant M. de Pourceaugnac.*
Ah! Pon chour, Mamefelle.

1. SUISSE.
Que faire fous là tout feul?

M. DE POURCEAUGNAC.
J'attends mes gens, Meffieurs.

2. SUISSE.
Iy être belle, par mon foi.

M. DE POURCEAUGNAC.
Doucement, Meffieurs.

1. SUISSE.
Fous, Mamefelle, fouloir finir rechouir fous à la créve? Nous faire foir à vous un petit pendement bien choli.

M. DE POURCEAUGNAC.
Je vous rends grace.

2. SUISSE.
L'être un Gentilhomme Limoffin, qui fera pendu chantiment à un grand potence.

M. DE POURCEAUGNAC.
Je n'ai pas de curiofité.

1. SUISSE.
Ly être là un petit téton qui l'eft trôle.

M. DE POURCEAUGNAC.
Tout beau.

2. SUISSE.
Mon foi, moi coucher pien afec fous.

M. DE POURCEAUGNAC.
Ah, c'en eft trop, & ces fortes d'ordures-là ne fe

68 M. DE POURCEAUGNAC,
difent point à une femme de ma condition.
2. SUISSE.
Laiffe, toi; l'être moi qui le veut couchair afec elle.
1. SUISSE.
Moi ne fouloir pas laiffer.
2. SUISSE.
Moi, li fouloir, moi.
(Les deux Suiffes tirent M. de Pourceaugnac avec violence.)
1. SUISSE.
Moi, ne faire rien.
2. SUISSE.
Toi, l'afoir pien menti.
1. SUISSE.
Parti, toi, l'afoir menti toi-même.
M. DE POURCEAUGNAC.
Au fecours ! A la force !

SCENE IV.

M. DE POURCEAUGNAC, UN EXEMPT, DEUX ARCHERS, DEUX SUISSES.

L'EXEMPT.

Qu'eft-ce ? Quelle violence eft-ce-là ? Et que voulez-vous faire à Madame ? Allons, que l'on forte delà, fi vous ne voulez que je vous mette en prifon.
1. SUISSE.
Parti, pon ; toi ne l'afoir point.
2. SUISSE.
Parti, pon auffi, toi, ne l'afoir point encore.

SCENE V.

M. DE POURCEAUGNAC, UN EXEMPT.

M. DE POURCEAUGNAC.

JE vous suis obligée, Monsieur de m'avoir délivrée de ces insolens.

L'EXEMPT.

Ouais ! Voilà un visage qui ressemble bien à celui que l'on m'a dépeint.

M. DE POURCEAUGNAC.

Ce n'est pas moi, je vous assure.

L'EXEMPT.

Ah, ah ! Qu'est-ce que veut dire...

M. DE POURCEAUGNAC.

Je ne sçais pas.

L'EXEMT.

Pourquoi donc dites-vous cela ?

M. DE POURCEAUGNAC.

Pour rien.

L'EXEMPT.

Voilà un discours qui marque quelque chose ; & je vous arrête prisonnier.

M. DE POURCEAUGNAC.

Hé, Monsieur, de grace !

L'EXEMPT.

Non, non ; à votre mine, & à vos discours, il faut que vous soyez ce Monsieur de Pourceaugnac que nous cherchons, qui se soit déguisé de la sorte ; & vous viendrez en prison tout-à-l'heure.

M. DE POURCEAUGNAC.

Hélas !

SCÈNE VI.

M. DE POUCEAUGNAC, UN EXEMPT, DEUX ARCHERS, SBRIGANI.

SBRIGANI à M. de Pourceaugnac.

AH ! Ciel ! Que veut dire cela ?

M. DE POURCEAUGNAC.

Ils m'ont reconnu.

L'EXEMPT.

Oui, oui ; c'est de quoi je suis ravi.

SBRIGANI à l'Exempt.

Hé ! Monsieur, pour l'amour de moi, vous sçavez que nous sommes amis depuis long-tems, je vous conjure de ne le point mener en prison.

L'EXEMPT.

Non, il m'est impossible.

SBRIGANI.

Vous êtes homme d'accommodement. N'y a-t-il pas moyen d'ajuster cela avec quelques pistoles ?

L'EXEMPT à ses Archers.

Retirez-vous un peu.

SCÈNE VII.

MONSIEUR DE POURCEAUGNAC, SBRIGANI, UN EXEMPT.

SBRIGANI à M. de Pourceaugnac.

IL faut lui donner de l'argent pour vous laisser aller. Faites vite.

COMEDIE.

M. DE POURCEAUGNAC donnant de l'argent à Sbrigani.

Ah, maudite ville !

SBRIGANI.

Tenez, Monsieur.

L'EXEMPT.

Combien y a-t-il ?

SBRIGANI.

Un, deux, trois, quatre, cinq, six, sept, huit, neuf, dix.

L'EXEMPT.

Non, mon ordre est trop exprès.

SBRIGANI *à l'Exempt qui veut s'en aller.*

Mon Dieu ! Attendez. *(à M. de Pourceaugnac.)* Dépêchez, donnez-lui en encore autant.

M. DE POURCEAUGNAC.

Mais....

SBRIGANI.

Dépêchez-vous, vous dis-je, & ne perdez point de tems. Vous auriez un grand plaisir quand vous seriez pendu.

M. DE POURCEAUGNAC.

Ah ! *(Il donne encore de l'argent à Sbrigani.)*

SBRIGANI *à l'Exempt.*

Tenez, Monsieur.

L'EXEMPT *à Sbrigani.*

Il faut donc que je m'enfuie avec lui ; car il n'y auroit point ici de sûreté pour moi. Laissez-le moi conduire, & ne bougez d'ici.

SBRIGANI.

Je vous prie d'en avoir un grand soin.

L'EXEMPT.

Je vous promets de ne le point quitter, que je ne l'aie mis en lieu de sûreté.

M. DE POURCEAUGNAC *à Sbrigani.*

Adieu. Voilà le seul honnête-homme que j'ai trouvé en cette ville.

SBRIGANI.

Ne perdez point de tems. Je vous aime tant, que je voudrois que vous fussiez déjà bien loin.

(seul.)

Que le Ciel te conduise ! Par ma foi, voilà une grande dupe. Mais, voici.....

SCENE VIII.

ORONTE, SBRIGANI.

SBRIGANI, *feignant de ne pas voir Oronte.*

AH, quelle étrange aventure ! Quelle fâcheuse nouvelle pour un père ! Pauvre Oronte, que je te plains !

ORONTE.

Qu'est-ce ? Quel malheur me présages-tu ?

SBRIGANI.

Ah ! Monsieur, ce perfide Limosin, ce traître de Monsieur de Pourceaugnac vous enleve votre fille.

ORONTE.

Il m'enleve ma fille ?

SBRIGANI.

Oui. Elle en est devenue si folle, qu'elle vous quitte pour le suivre ; & l'on dit qu'il a un caractere pour se faire aimer de toutes les femmes.

ORONTE.

Allons vite à la justice. Des archers après eux.

SCENE

COMEDIE.

SCENE IX.
ORONTE, ERASTE, JULIE, SBRIGANI.

ERASTE *à Julie.*

Allons vous viendrez malgré vous, & je veux vous remettre entre les mains de votre pere. Tenez, Monsieur, voilà votre fille que j'ai tirée de force d'entre les mains de l'homme avec qui elle s'enfuyoit ; non pas pour l'amour d'elle, mais pour votre seule considération. Car, après l'action qu'elle a faite, je dois la mépriser ; & me guérir absolument de l'amour que j'avois pour elle.

ORONTE.

Ah! Infame que tu es!

ERASTE *à Julie.*

Comment, me traiter de la sorte après toutes les marques d'amitié que je vous ai données! Je ne vous blâme point de vous être soumise aux volontés de Monsieur votre pere ; il est sage & judicieux dans les choses qu'il fait ; & je ne me plains point de lui, de m'avoir rejetté pour un autre. S'il a manqué à la parole qu'il m'avoit donnée, il a ses raisons pour cela. On lui a fait croire que cet autre est plus riche que moi de quatre ou cinq mille écus ; & quatre ou cinq mille écus est un denier considérable, & qui vaut bien la peine qu'un homme manque à sa parole ; mais oublier en un moment toute l'ardeur que je vous ai montrée, vous laisser d'abord enflammer d'amour pour un nouveau venu, & le suivre honteusement, sans le consentement de Monsieur votre pere, après les crimes qu'on lui impute, c'est une chose condamnée de tout le monde ; & dont mon cœur ne peut vous faire d'assez sanglans reproches

JULIE.

Hé bien, oui. J'ai conçu de l'amour pour lui, & je l'ai voulu suivre, puisque mon pere me l'avoit choisi pour un époux. Quoi que vous me disiez, c'est un fort honnête-homme; & tous les crimes dont on l'accuse, sont fausſetés épouvantables.

ORONTE.

Taisez-vous, vous êtes une impertinente; & je sçais mieux que vous ce qui en est.

JULIE.

Ce sont, sans doute, des pieces qu'on lui fait &
(*montrant Eraste.*)
c'est peut-être lui qui a trouvé cet artifice pour vous en dégoûter.

ERASTE.

Moi, je serois capable de cela?

JULIE.

Oui, vous.

ORONTE.

Taisez-vous, vous dis-je, vous êtes une sotte.

ERASTE.

Non, non, ne vous imaginez pas que j'aie aucune envie de détourner ce mariage, & que ce soit ma passion qui m'ait forcé à courir après vous. Je vous l'ai déja dit, ce n'est que la seule considération que j'ai pour Monsieur votre pere; & je n'ai pu souffrir qu'un honnête-homme, comme lui, fût exposé à la honte de tous les bruits qui pourroient suivre une action comme la vôtre.

ORONTE.

Je vous suis, Seigneur Eraste, infiniment obligé.

ERASTE.

Adieu, Monsieur. J'avois toutes les ardeurs du monde d'entrer dans votre alliance, j'ai fait tout ce que j'ai pu pour obtenir un tel honneur; mais j'ai été malheureux, & vous ne m'avez pas jugé digne de cette grace. Cela n'empêchera pas que je ne conserve pour vous les sentimens d'estime & de vénéra-

COMEDIE. 75

-tion où votre personne m'oblige ; & , si je n'ai pu être votre gendre, au moins serai-je éternellement votre serviteur.

ORONTE.

Arrêtez, Seigneur Eraste. Votre procédé me touche l'ame ; & je vous donne ma fille en mariage.

JULIE.

Je ne veux point d'autre mari que Monsieur de Pourceaugnac.

ORONTE.

Et je veux, moi, tout à l'heure, que tu prennes le Seigneur Eraste. Çà, la main.

JULIE.

Non, je n'en ferai rien.

ORONTE.

Je te donnerai sur les oreilles.

ERASTE.

Non, non, Monsieur, ne lui faites point de violence ; je vous en prie.

ORONTE.

C'est à elle à m'obéir ; & je sçais me montrer le maître.

ERASTE.

Ne voyez-vous pas l'amour qu'elle a pour cet homme-là ? Et voulez-vous que je possede un corps dont un autre possédera le cœur ?

ORONTE.

C'est un sortilege qu'il lui a donné ; & vous verrez qu'elle changera de sentiment avant qu'il soit peu. Donnez-moi votre main. Allons.

JULIE.

Je ne...

ORONTE.

Ah ! que de bruit ! Çà, votre main, vous dis-je. Ah ! ah, ah !

ERASTE à *Julie*.

Ne croyez pas que ce soit pour l'amour de vous que je vous donne la main ; ce n'est que de Monsieur votre pere, dont je suis amoureux; & c'est lui que j'épouse.

ORONTE.

Je vous suis beaucoup obligé; & j'augmente de dix mille écus le mariage de ma fille. Allons, qu'on fasse venir le Notaire pour dresser le contrat.

ERASTE.

En attendant qu'il vienne, nous pouvons jouir du divertissement de la saison, & faire entrer les masques, que le bruit des nôces de Monsieur de Pourceaugnac a attirés ici de tous les endroits de la ville.

SCENE DERNIERE.

TROUPE DE MASQUES *dansans & chantans.*

UN MASQUE en Egyptien.

Sortez, sortez de ces lieux ;
Soucis, chagrins & tristesse.
Venez, venez, ris & jeux,
Plaisirs, amour & tendresse ;
Ne songeons qu'à nous réjouir,
La Grande affaire est le plaisir.

CHŒUR DE MASQUES, chantans.

Ne songeons qu'à nous réjouir,
La grande affaire est le plaisir.

L'EGYPTIENNE.

A me suivre tous ici,
Notre ardeur est non commune,
Et vous êtes en souci
De votre bonne fortune ;
Soyez toujours amoureux,
C'est le moyen d'être heureux.

UN MASQUE en Egyptien.

Aimons jusques au trépas,

COMEDIE.

La raison nous y convie.
Hélas ! si l'on n'aimoit pas,
Que seroit-ce de la vie ?
Ah ! Perdons plutôt le jour,
Que de perdre notre amour.

L'EGYPTIEN.
Les biens,
L'EGYPTIENNE.
La gloire,
L'EGYPTIEN.
Les grandeurs,
L'EGYPTIENNE.
Les sceptres qui font tant d'envie,
L'EGYPTIEN.
Tout n'est rien, si l'amour n'y mêle ses ardeurs.
L'EGYPTIENNE.
Il n'est point, sans l'amour, de plaisirs dans la vie.
TOUS DEUX ENSEMBLE.
Soyons toujours amoureux,
C'est le moyen d'être heureux.
CHŒUR.
Sus, chantons tous ensemble,
Dansons, sautons, jouons-nous.
UN MASQUE en Pantalon.
Lorsque pour rire on s'assemble,
Les plus sages, ce me semble,
Sont ceux qui sont les plus fous.
TOUS ENSEMBLE.
Ne songeons qu'à nous réjouir,
La grande affaire est le plaisir.

PREMIERE ENTRÉE DE BALLET.
Danse de Sauvages.
II. ENTRÉE DE BALLET.
Danse de Biscayens.

FIN.

NOMS DES PERSONNES QUI ONT chanté & dansé dans M. de Pourceaugnac, Comédie-Ballet.

Une Musicienne, *Mademoiselle Hilaire*. Deux Musiciens, *les sieurs Estival & Langeais*. Deux Maîtres à danser, *les sieurs la Pierre & Favier*. Deux Pages dansans, *les sieurs Beauchamp & Chicanneau*. Quatre Curieux de Spectacles dansans, *les sieurs Noblet, Joubert, Lestang & Mayeu*. Deux Suisses dansans.... Deux Médecins grotesques, *il Signor Chiaccharone, & le sieur Gaye*. Matassins dansans, *les sieurs Beauchamp, la Pierre, Favier, Noblet, Chicanneau & Lestang*.

Deux Avocats chantans, *les sieurs Estival & Gaye*. Deux Procureurs dansans, *les sieurs Beauchamp & Chicanneau*. Deux Sergens dansans, *les sieurs la Pierre & Favier*.

Troupe de Masques chantans & dansans. Une Egyptienne chantante, *Mademoiselle Hilaire*. Un Egyptien chantant, *le sieur Gaye*. Un Pantalon chantant, *le sieur Blondel*. Chœur de Masques chantans. Deux vieilles, *les sieurs Fernon le cadet, & le Gros*. Deux Scaramouches, *les sieurs d'Estival, & Gingan*. Deux Pantalons, *les sieurs Gingan le cadet & Blondel*. Deux Docteurs, *les sieurs Rebel & Hédouin*. Deux Paysans, *les sieurs Langeais & Deschamps*. Sauvages dansans, *les sieurs Paysan, Noblet, Joubert & Lestang*. Biscayens dansans, *les sieurs Beauchamp, Favier, Mayeu, & Chicanneau*.

LES AMANS MAGNIFIQUES,
COMÉDIE-BALLET.

AVANT-PROPOS.

LE Roi qui ne veut que des choses extraordinaires dans tout ce qu'il entreprend, s'est proposé de donner à sa Cour un Divertissement qui fût composé de tous ceux que le Théatre peut fournir; & pour embrasser cette vaste idée, & enchaîner ensemble tant de choses diverses, Sa Majesté a choisi pour sujets deux Princes rivaux qui, dans le champêtre séjour de la Vallée de Tempé, où l'on doit célébrer la Fête des Jeux Pythiens, régalent à l'envi une jeune Princesse & sa Mere, de toutes les galanteries dont ils se peuvent aviser.

ACTEURS.

ACTEURS DE LA COMÉDIE.

ARISTIONE, Princesse, Mere, d'Eriphile.
ERIPHILE, Fille de la Princesse.
IPHICRATE, Prince, Amant d'Eriphile.
TIMOCLES, Prince, Amant d'Eriphile.
SOSTRATE, Général d'armée, Amant d'Eriphile.
ANAXARQUE, Astrologue.
CLÉON, Fils d'Anaxarque.
CHOREBE, Suivant d'Aristione.
CLITIDAS, Plaisant de Cour.
Une fausse VENUS, d'intelligence avec Anaxarque.

ACTEURS DES INTERMEDES.

PREMIER INTERMEDE.

EOLE.
TRITONS chantans.
FLEUVE chantans.
AMOURS chantans.
PESCHEURS DE CORAIL dansans.
NEPTUNE.
SIX DIEUX MARINS dansans.

DEUXIEME INTERMEDE.

TROIS PANTOMIMES dansans.

TROISIEME INTERMEDE.

LA NYMPHE de la Vallée de Tempé.

ACTEURS DE LA PASTORALE
en Musique.

TIRCIS, Berger, Amant de Caliste.
CALISTE, Bergere.
LICASTE, Berger, ami de Tircis.
MENANDRE, Berger, ami de Tircis.

D 5

PREMIER SATYRE, Amant de Caliste.
SECOND SATYRE, Amant de Caliste.
SIX DRYADES
SIX FAUNES } dansans.
CLIMENE, Bergere.
PHILINTE, Berger.
TROIS PETITES DRYADES
TROIS PETITS FAUNES } dansans.

QUATRIEME INTERMEDE.

HUIT STATUES qui dansent.

CINQUIEME INTERMEDE.

QUATRE PANTOMIMES dansans.

SIXIEME INTERMEDE.

FESTE DES JEUX PYTHIENS.

LA PRETRESSE.
DEUX SACRIFICATEURS chantans.
SIX MINISTRES DU SACRIFICE, portant des haches, dansans.
CHŒUR DE PEUPLES.
SIX VOLTIGEURS, sautans sur des chevaux de bois.
QUATRE CONDUCTEURS D'ESCLAVES dansans.
HUIT ESCLAVES dansans.
QUATRE HOMMES armés à la Grecque.
QUATRE FEMMES armées à la Grecque.
UN HERAUT.
SIX TROMPETTES.
UN TIMBALLIER.
APOLLON.
SUIVANS D'APOLLON dansans.

La Scene est en Thessalie, dans la Vallée de Tempé.

LES AMANS MAGNIFIQUES

LES AMANS MAGNIFIQUES,

COMÉDIE-BALLET.

PREMIER INTERMEDE.

Le Théatre represente une vaste Mer, bordée de chaque côté de quatre grands rochers, dont le sommet porte chacun un fleuve appuyé sur une urne. Au pied de ces rochers sont douze Tritons, & dans le milieu de la mer, quatre Amours sur des Dauphins ; Eole est élevé au-dessus des ondes sur un nuage.

SCENE PREMIERE.

EOLE, FLEUVES, TRITONS, AMOURS.

EOLE.

Vents, qui troublez les plus beaux jours,
Rentrez dans vos grottes profondes ;
Et laissez régner sur les ondes
   Les Zéphirs & les Amours.

D 6

SCENE II.

La Mer se calme, &, du milieu des ondes, on voit s'élever une Ville. Huit pêcheurs sortent du fond de la Mer avec des Nacres de perles, & des branches de Corail.

EOLE, FLEUVES, TRITONS, AMOURS, PÊCHEURS DE CORAIL.

UN TRITON.

Quels beaux yeux ont percé nos demeures humides ?
Venez, venez, Tritons ; cachez-vous, Néréides.
CHŒUR DE TRITONS.
Allons tous au-devant de ces Divinités ;
Et rendons par nos chants, hommages à leurs beautés.
UN AMOUR.
Ah ! Que ces Princesses sont belles !
UN AUTRE AMOUR.
Quels sont les cœurs qui ne s'y rendroient pas ?
UN AUTRE AMOUR.
La plus belle des immortelles.
Notre mere, a bien moins d'appas.
CHŒUR.
Allons tous au-devant de ces Divinités ;
Et rendons, par nos chants, hommage à leurs beautés.

COMEDIE.

PREMIERE ENTRÉE DE BALLET.

Les Pêcheurs forment une danse, après laquelle ils vont se placer chacun sur un rocher, au-dessous d'un Fleuve.

UN TRITON.

Quel noble spectacle s'avance ?
Neptune, le grand Dieu Neptune, avec sa cour,
Vient honorer ce beau séjour
De son auguste presence.
CHŒUR.
Redoublons nos Concerts,
Et faisons retentir dans la vague des airs
Notre réjouissance.

SCENE III.

NEPTUNE, DIEUX MARINS, EOLE, TRITONS, FLEUVES, AMOURS, PÊCHEURS.

II. ENTRÉE DE BALLET.

Neptune danse avec sa suite. Les Tritons, les Fleuves, & les Pêcheurs accompagnent ses pas de gestes differens, & de bruit de conques de perles.

Fin du premier Intermede.

LES AMANS MAGNIFIQUES,

Vers pour le ROI, representant Neptune.

LE Ciel, entre les Dieux les plus considérés,
Me donne pour partage un rang considérable ;
Et, me faisant régner sur les flots azurés,
Rend à tout l'Univers mon pouvoir redoutable.

Il n'est aucune terre, à me bien regarder,
Qui ne doive trembler que je ne m'y répande,
Point d'états qu'à l'instant je ne puisse inonder
Des flots impétueux que mon pouvoir commande.

Rien n'en peut arrêter le fier débordement,
Et d'une triple digue à leur force opposée,
On les verroit forcer le ferme empêchement ;
Et se faire en tous lieux une ouverture aisée.

Mais je sçais retenir la fureur de ces flots,
Par la sage équité du pouvoir que j'exerce ;
Et laisser en tous lieux, au gré des Matelots,
La douce liberté d'un paisible commerce.

On trouve des écueils par fois dans mes états,
On voit quelques vaisseaux y périr par l'orage ;
Mais contre ma puissance on n'en murmure pas,
Et chez moi la vertu ne fait jamais naufrage.

Pour M. LE GRAND, representant un Dieu Marin.

L'Empire où nous vivons est fertile en trésors,
Tous les mortels en foule accourent sur ses bords ;
Et pour faire bientôt une haute fortune,
Il ne faut rien qu'avoir la faveur de Neptune.

Pour le Marquis DE VILLEROI, representant un Dieu Marin.

SUr la foi de ce Dieu de l'empire flottant
On peut bien s'embarquer avec toute assurance,
  Les flots ont de l'inconstance,
  Mais le Neptune est constant.

Pour le Marquis DE RASSENT, representant un Dieu Marin.

VOguez sur cette Mer d'un zele inébranlable,
C'est le moyen d'avoir Neptune favorable.

LES AMANS MAGNIFIQUES,
COMEDIE-BALLET.

ACTE PREMIER.

SCENE PREMIERE.
SOSTRATE, CLITIDAS.

CLITIDAS *à part.*

L est attaché à ses pensées.

SOSTRATE *se croyant seul.*

Non, Sostrate, je ne vois rien où tu puisses avoir recours ; & tes maux sont d'une nature à ne te laisser nulle espérance d'en sortir.

CLITIDAS *à part.*

Il raisonne tout seul.

SOSTRATE *se croyant seul.*

Hélas !

CLITIDAS à part.

Voilà des soupirs qui veulent dire quelque chose, & ma conjecture se trouvera véritable.

SOSTRATE se croyant seul.

Sur quelles chimeres, dis-moi, pourrois-tu bâtir quelque espoir ? Et que peux-tu envisager que l'affreuse longueur d'une vie malheureuse, & des ennuis à ne finir que par la mort ?

CLITIDAS à part.

Cette tête-là est plus embarrassée que la mienne.

SOSTRATE se croyant seul.

Ah, mon cœur ! Ah, mon cœur ! où m'avez-vous jetté ?

CLITIDAS.

Serviteur, Seigneur Sostrate.

SOSTRATE.

Où vas-tu, Clitidas ?

CLITIDAS.

Mais vous, plutôt, que faites-vous ici ? Et quelle secrete mélancolie, quelle humeur sombre, s'il vous plaît, vous peut retenir dans ces bois, tandis que tout le monde a couru en foule à la magnificence de la fête, dont l'amour du Prince Iphicrate vient de régaler sur la mer la promenade des Princesses, tandis qu'elles y ont reçu des cadeaux merveilleux de musique & de danse, & qu'on a vu les rochers & les ondes se parer de Divinités pour faire honneur à leurs attraits ?

SOSTRATE.

Je me figure assez, sans la voir, cette magnificence ; & tant de gens, d'ordinaire, s'empressent à porter de la confusion dans ces sortes de fêtes, que j'ai cru à propos de ne pas augmenter le nombre des importuns.

CLITIDAS.

Vous sçavez que votre presence ne gâte jamais rien, & que vous n'êtes point de trop en quelque lieu que vous soyez. Votre visage est bien venu par-tout ; &

COMÉDIE.

il n'a garde d'être de ces visages disgraciés, qui ne sont jamais bien reçus des regards souverains. Vous sont également bien auprès des deux Princesses ; & la mere & la fille vous font assez connoître l'estime qu'elles font de vous, pour n'appréhender pas de fatiguer leurs yeux ; & ce n'est pas cette crainte enfin, qui vous a retenu.

SOSTRATE.
J'avoue que je n'ai pas naturellement grande curiosité pour ces sortes de choses.

CLITIDAS.
Mon Dieu, quand on n'auroit nulle curiosité pour les choses, on en a toujours pour aller où l'on trouve tout le monde, &, quoi que vous puissiez dire, on ne demeure point tout seul, pendant une fête, à rêver parmi des arbres, comme vous faites, à moins d'avoir en tête quelque chose qui embarrasse.

SOSTRATE.
Que voudrois-tu que j'y pusse avoir ?

CLITIDAS.
Ouais ! Je ne sçais d'où cela vient ; mais il sent ici l'amour. Ce n'est pas moi. Ah ! par ma foi, c'est vous.

SOSTRATE.
Que tu es fou, Clitidas.

CLITIDAS.
Je ne suis point fou. Vous êtes amoureux. J'ai le nez délicat ; & j'ai senti cela d'abord.

SOSTRATE.
Sur quoi prends-tu cette pensée ?

CLITIDAS.
Sur quoi ? Vous seriez bien étonné si je vous disois encore de qui vous êtes amoureux.

SOSTRATE.
Moi ?

CLITIDAS.
Oui. Je gage que je vais deviner tout-à-l'heure celle que vous aimez. J'ai mes secrets aussi-bien que notre Astrologue, dont la Princesse Aristione est entêtée ;

LES AMANS MAGNIFIQUES,

&, s'il a la science de lire dans les astres la fortune des hommes, j'ai cele de lire dans les yeux le nom des personnes qu'on aime. Tenez-vous un peu, & ouvrez les yeux. E, par soi, é, r, i, ri, éri; p, h, i, phi; ériphi; l, e, le, Eriphile. Vous êtes amoureux de la Princesse Eriphile.

SOSTRATE.

Ah, Clitidas, j'avoue que je ne puis cacher mon trouble, & tu me frappes d'un coup de foudre.

CLITIDAS.

Vous voyez si je suis sçavant.

SOSTRATE.

Helas ! si par quelque aventure tu as pu découvrir le secret de mon cœur, je te conjure au moins de ne le révéler à qui que ce soit ; &, sur-tout, de le tenir caché à la belle Princesse, dont tu viens de dire le nom.

CLITIDAS.

Et, sérieusement parlant, si dans vos actions j'ai bien pu connoître depuis un tems la passion que vous voulez tenir secrette, pensez-vous que la Princesse Eriphile puisse avoir manqué de lumiere pour s'en appercevoir ? Les belles, croyez-moi, sont toujours les plus clairvoyantes à découvrir les ardeurs qu'elles causent, & le langage des yeux & des soupirs se fait entendre, mieux qu'à tout autre, à celles à qui il s'adresse.

SOSTRATE.

Laissons-là, Clitidas, laissons-la voir, si elle peut, dans mes soupirs & mes regards, l'amour que ses charmes m'inspirent ; mais gardons bien que par mille autres voies elle en apprenne rien.

CLITIDAS.

Et qu'appréhendez-vous ? Est-il possible que ce même Sostrate, qui n'a pas craint ni Brennus, ni tous les Gaulois, & dont le bras a si glorieusement contribué à nous défaire de ce déluge de barbares qui ravageoit la Grèce ; est-il possible, dis-je, qu'un homme si assuré dans la guerre, soit si timide en amour, & que je le voie trembler à dire seulement qu'il aime ?

SOSTRATE.

Ah ! Clitidas, je tremble avec raison ; & tous les Gaulois du monde ensemble sont bien moins redoutables, que deux beaux yeux pleins de charmes.

CLITIDAS.

Je ne suis pas de cet avis ; & je sçais bien, pour moi, qu'un seul Gaulois l'épée à la main, me feroit beaucoup plus trembler que cinquante beaux yeux ensemble les plus charmans du monde. Mais, dites-moi un peu, qu'espérez-vous faire.

SOSTRATE.

Mourir, sans déclarer ma passion.

CLITIDAS.

L'espérance est belle. Allez, allez, vous vous moquez, un peu de hardiesse réussit toujours aux amans; il n'y a en amour que les honteux qui perdent, & je dirois ma passion à une Déesse, moi, si j'en devenois amoureux.

SOSTRATE.

Trop de choses, hélas ! condamnent mes à feux un éternel silence.

CLITIDAS.

Et quoi ?

SOSTRATE.

La bassesse de ma fortune, dont il plaît au Ciel de rabattre l'ambition de mon amour; le rang de la Princesse, met entr'elle & mes desirs une distance si fâcheuse; la concurrence de deux Princes appuyés de tous les grands titres qui peuvent soutenir les prétentions de leurs flammes; de deux Princes, qui par mille & mille magnificences se disputent à tous momens, la gloire de sa conquête, & sur l'amour de qui on attend tous les jours de voir son choix se déclarer ; mais, plus que tout, Clitidas, le respect inviolable où ses beaux yeux assujettissent toute violence de mon ardeur.

CLITIDAS.

Le respect bien souvent n'oblige pas tant que l'amour ; & je me trompe fort, où la jeune Princesse a connu votre flamme, & n'y est pas insensible.

SOSTRATE.

Ah ! ne t'avise point de vouloir flatter par pitié le cœur d'un misérable.

CLITIDAS.

Ma conjecture est fondée. Je lui vois reculer beaucoup le choix de son époux, & je veux éclaircir un peu cette petite affaire-là. Vous sçavez que je suis auprès d'elle en quelque espece de faveur, que j'y ai les accès ouverts, & qu'à force de me tourmenter je me suis acquis le privilége de me mêler à la conversation, & de parler à tort & à travers de toutes choses. Quelquefois cela ne me réussit pas, mais quelquefois aussi cela me réussit. Laissez-moi faire, je suis de vos amis, les gens de mérite me touchent ; & je veux prendre mon tems pour entretenir la Princesse de....

SOSTRATE.

Ah ! de grace, quelque bonté que mon malheur t'inspire, garde-toi bien de lui rien dire de ma flamme; J'aimerois mieux mourir que de pouvoir être accusé par elle de la moindre témérité ; & ce profond respect où ses charmes divins....

CLITIDAS.

Taisons-nous. Voici tout le monde.

SCENE II.

ARISTIONE, IPHICRATE, TIMOCLES, SOSTRATE, ANAXARQUE, CLEON, CLITIDAS.

ARISTIONE à *Iphicrate*.

Prince, je ne puis me lasser de le dire, il n'est point de spectacle au monde qui puisse le disputer en magnificence à celui que vous venez de nous donner. Cette fête a eu des ornemens qui l'emportent, sans doute, sur-tout ce que l'on sçauroit voir ; & elle vient de produire à nos yeux quelque chose de si noble, de si grand & de si majestueux, que le Ciel même ne sçauroit aller au-delà, & je puis dire assurément qu'il n'y a rien dans l'Univers qui s'y puisse égaler.

TIMOCLES.

Ce sont des ornemens dont on ne peut pas espérer que toutes les fêtes soient embellies ; & je dois fort trembler, Madame, pour la simplicité du petit divertissement que je m'apprête à vous donner dans le bois de Diane.

ARISTIONE.

Je crois que nous n'y verrons rien que de fort agréable ; & certes, il faut avouer que la campagne a lieu de nous paroître belle, & que nous n'avons pas le tems de nous ennuyer dans cet agréable séjour qu'ont célébré tous les Poëtes sous le nom de Tempé. Car enfin, sans parler des plaisirs de la chasse que nous y prenons à toute heure, & de la solemnité des jeux Pythiens que l'on y célebre tantôt, vous pre-

LES AMANS MAGNIFIQUES,

nez soin l'un & l'autre de nous y combler de tous les divertissemens qui peuvent charmer les chagrins des plus mélancoliques. D'où vient, Sostrate, qu'on ne vous a point vu dans notre promenade ?

SOSTRATE.
Une petite indisposition, Madame, m'a empêché de m'y trouver.

IPHICRATE.
Sostrate est de ces gens, Madame, qui croient qu'il ne sied pas bien d'être curieux comme les autres, & qu'il est beau d'affecter de ne pas courir où tout le monde court.

SOSTRATE.
Seigneur, l'affectation n'a guere de part à tout ce que je fais ; &, sans vous faire compliment, il y avoit des choses à voir dans cette fête, qui pouvoient m'attirer, si quelqu'autre motif ne m'avoit retenu.

ARISTIONE.
Et Clitidas a-t-il vu cela ?

CLITIDAS.
Oui, Madame. Mais du rivage.

ARISTIONE.
Et pourquoi du rivage ?

CLITIDAS.
Ma foi, Madame, j'ai craint quelqu'un de ces accidens qui arrivent d'ordinaire dans ces confusions. Cette nuit j'ai songé de poisson mort, & d'œufs cassés ; & j'ai appris du Seigneur Anaxarque, que les œufs cassés, & le poisson mort, signifient malencontre.

ANAXARQUE.
Je remarque une chose, que Clitidas n'auroit rien à dire, s'il ne parloit de moi.

CLITIDAS.
C'est qu'il y a tant de choses à dire de vous, qu'on n'en sçauroit parler assez.

COMÉDIE.

ANAXARQUE.
Vous pourriez prendre d'autres matieres, puisque je vous en ai prié.

CLITIDAS.
Le moyen ? ne dites-vous pas que l'ascendant est plus fort que tout ; &, s'il est écrit dans les astres que je sois enclin à parler de vous, comment voulez-vous que je résiste à ma destinée ?

ANAXARQUE.
Avec tout le respect, Madame, que je vous dois, il y a une chose qui est fâcheuse dans votre Cour, que tout le monde y prenne la liberté de parler, & que le plus honnête-homme y soit exposé aux railleries du premier méchant plaisant.

CLITIDAS.
Je vous rends graces de l'honneur....

ARISTIONE à *Anaxarque*.
Que vous êtes fou, de vous chagriner de ce qu'il dit !

CLITIDAS.
Avec tout le respect que je dois à Madame, il y a une chose qui m'étonne dans l'astrologie, que des gens qui sçavent tous les secrets des Dieux, & qui possedent des connoissances à se mettre au-dessus de tous les hommes, aient besoin de faire leur cour, & de demander quelque chose.

ANAXARQUE.
Vous devriez gagner un peu mieux votre argent, & donner à Madame de meilleures plaisanteries.

CLITIDAS.
Ma foi, on les donne telles qu'on peut. Vous en parlez fort à votre aise ; & le métier de plaisant n'est pas comme celui d'astrologue. Bien mentir, & bien plaisanter, sont deux choses fort différentes ; & il est bien plus facile de tromper les gens, que de les faire rire.

ARISTIONE.
Hé ! qu'est-ce donc que cela veut dire ?

CLITIDAS se parlant à lui-même.

Paix, impertinent que vous êtes. Ne sçavez-vous pas bien que l'Astrologie est une affaire d'Etat, & qu'il ne faut point toucher à cette corde-là. Je vous l'ai dit plusieurs fois, vous vous émancipez trop, & vous prenez de certaines libertés qui vous joueront un mauvais tour ; je vous en avertis. Vous verrez qu'un de ces jours on vous donnera du pied au cul, & qu'on vous chassera comme un faquin. Taisez-vous, si vous êtes sage.

ARISTIONE.
Où est ma fille ?

TIMOCLES.
Madame, elle s'est écartée ; & je lui ai presenté une main qu'elle a refusé d'accepter.

ARISTIONE.
Princes, puisque l'amour que vous avez pour Eriphile, a bien voulu se soumettre aux loix que j'ai voulu vous imposer, puisque j'ai sçu obtenir de vous que vous fussiez rivaux sans devenir ennemis, & qu'avec pleine soumission aux sentimens de ma fille, vous attendez un choix dont je l'ai faite seule maîtresse, ouvrez-moi tous deux le fond de votre ame, & me dites sincérement quel progrès vous croyez l'un & l'autre avoir fait sur son cœur.

TIMOCLES.
Madame, je ne suis point pour me flatter, j'ai fait ce que j'ai pu pour toucher le cœur de la Princesse Eriphile, & je m'y suis pris, que je crois, de toutes les tendres manieres dont un amant se peut servir. Je lui ai fait des hommages soumis de tous mes vœux, j'ai montré des assiduités, j'ai rendu des soins chaque jour, j'ai fait chanter ma passion aux voix les plus touchantes, & l'ai fait exprimer en vers aux plumes les plus délicates, je me suis plaint de mon matyre en des termes passionnés, j'ai fait dire à mes yeux aussi-bien qu'à ma bouche, le désespoir de mon amour, j'ai poussé à ses pieds des soupirs languis-

sans,

COMEDIE.

fans, j'ai même répandu des larmes, mais tout cela inutilement; & je n'ai point connu qu'elle ait dans l'ame aucun reffentiment de mon ardeur.

ARISTIONE.
Et vous, Prince ?

IPHICRATE.
Pour moi, Madame, connoiffant son indifférence, & le peu de cas qu'elle fait des devoirs qu'on lui rend, je n'ai voulu perdre auprès d'elle, ni plaintes, ni foupirs, ni larmes. Je fçais qu'elle eft toute foumife à vos volontés, & que ce n'eft que de votre main feule qu'elle voudra prendre un époux. Auffi n'eft-ce qu'à vous que je m'adreffe pour l'obtenir; à vous plutôt qu'à elle, que je rends tous mes foins & tous mes hommages. Et plût au Ciel, Madame, que vous euffiez pû vous réfoudre à tenir fa place, que vous euffiez voulu joüir des conquêtes que vous lui faites; & recevoir pour vous les vœux que vous lui renvoyez.

ARISTIONE.
Prince, le compliment eft d'un amant adroit, & vous avez entendu dire qu'il falloit cajoler les meres pour obtenir les filles; mais ici, par malheur, tout cela devient inutile, & je me fuis engagée à laiffer le choix tout entier à l'inclination de ma fille.

IPHICRATE.
Quelque pouvoir que vous lui donniez pour ce choix, ce n'eft point compliment, Madame, que ce que je vous dis. Je ne cherche la Princeffe Eriphile, que parce qu'elle eft votre fang; je la trouve charmante par-tout ce qu'elle tient de vous; & c'eft vous que j'adore en elle.

ARISTIONE.
Voilà qui eft fort bien.

IPHICRATE.
Oui, Madame, toute la terre voit en vous des attraits & des charmes, que je....

ARISTIONE.

De grace, Prince, ôtons ces charmes & ces attraits. Vous sçavez que ce sont des mots que je retranche des complimens qu'on me veut faire. Je souffre qu'on me loue de ma sincérité. Qu'on dise que je suis une bonne Princesse, que j'ai de la parole pour tout le monde, de la chaleur pour mes amis, & de l'estime pour le mérite & la vertu, je puis tâter de tout cela; mais, pour les douceurs de charmes & d'attraits, je suis bien-aise qu'on ne m'en serve point; & quelque vérité qui s'y pût rencontrer, on doit faire quelque scrupule d'en goûter la louange, quand on est mere d'une fille comme la mienne.

IPHICRATE.

Ah! Madame, c'est vous qui voulez être mere, malgré tout le monde, il n'est point d'yeux qui ne s'y opposent; &, si vous le vouliez, la Princesse Eriphile ne seroit que votre sœur.

ARISTIONE.

Mon Dieu! Prince, je ne donne point dans tous ces galimathias où donnent la plupart des femmes; je veux être mere, parce que je la suis; & ce seroit en vain que je ne la voudrois pas être. Ce titre n'a rien qui me choque, puisque, de mon consentement je me suis exposée à le recevoir. C'est un foible de notre sexe, dont, grace au Ciel, je suis exempte; & je ne m'embarrasse point de ces grandes disputes d'âge, sur quoi nous voyons tant de folles. Revenons à notre discours. Est-il possible que jusqu'ici vous n'ayez pû connoître où penche l'inclination d'Eriphile?

IPHICRATE.

Ce sont obscurités pour moi.

TIMOCLES.

C'est pour moi un mystere impénétrable.

ARISTIONE.

La pudeur, peut-être, l'empêche de s'expliquer à vous & à moi. Servons-nous de quelqu'autre pour

découvrir le secret de son cœur. Sostrate, prenez de
ma part cette commission ; & rendez cet office à ces
Princes, de sçavoir adroitement de ma fille, vers qui
des deux ses sentimens peuvent tourner.

SOSTRATE.

Madame, vous avez cent personnes dans votre Cour,
sur qui vous pourriez mieux verser l'honneur d'un
tel emploi ; & je me sens mal-propre à bien exécuter
ce que vous souhaitez de moi.

ARISTIONE.

Votre mérite, Sostrate, n'est point borné aux seuls
emplois de la guerre. Vous avez de l'esprit, de la
conduite, de l'adresse, & ma fille fait cas de vous.

SOSTRATE.

Quelqu'autre mieux que moi, Madame...

ARISTIONE.

Non, non. En vain vous vous en défendez.

SOSTRATE.

Puisque vous le voulez, Madame, il vous faut obéir;
mais je vous jure que, dans toute votre Cour, vous
ne pouviez choisir personne qui ne fût en état de
s'acquitter beaucoup mieux que moi d'une telle commission.

ARISTIONE.

C'est trop de modestie, & vous vous acquitterez
toujours bien de toutes les choses dont on vous char-
gera. Découvrez doucement les sentimens d'Eriphile, & faites-la ressouvenir qu'il faut se rendre, de
bonne heure, dans le bois de Diane.

SCENE III.

IPHICRATE, TIMOCLES, SOSTRATE, CLITIDAS.

IPHICRATE à *Sostrate*.

Vous pouvez croire que je prends part à l'estime que la Princesse vous témoigne.
TIMOCLES à *Sostrate*.
Vous pouvez croire que je suis ravi du choix que l'on a fait de vous.
IPHICRATE.
Vous voilà en état de servir vos amis.
TIMOCLES.
Vous avez de quoi rendre de bons offices aux gens qu'il vous plaira.
IPHICRATE.
Je ne vous recommande point mes intérêts.
TIMOCLES.
Je ne vous dis point de parler pour moi.
SOSTRATE.
Seigneurs, il seroit inutile. J'aurois tort de passer les ordres de ma commission ; & vous trouverez bon que je ne parle, ni pour l'un, ni pour l'autre.
IPHICRATE.
Je vous laisse agir comme il vous plaira.
TIMOCLES.
Vous en userez comme vous voudrez.

SCENE IV.
IPHICRATE, TIMOCLES, CLITIDAS.

IPHICRATE bas à Clitidas.

Clitidas, se ressouvient bien qu'il est de mes amis, je lui recommande toujours de prendre mes intérês auprès de sa maîtresse, contre ceux de mon rival.

CLITIDAS bas à Iphicrate.

Laissez-moi faire. Il y a bien de la comparaison de lui à vous ; & c'est un Prince bien bâti pour vous le disputer.

IPHICRATE bas à Clitidas.

Je reconnoîtrai ce service.

SCENE V.
TIMOCLES, CLITIDAS.

TIMOCLES.

Mon rival fait sa cour à Clitidas ; mais Clitidas sçait bien qu'il m'a promis d'appuyer, contre lui, les prétentions de mon amour.

CLITIDAS.

Assurément ; & il se moque de croire l'emporter sur vous. Voilà, auprès de vous, un beau petit morveux de Prince.

TIMOCLES.

Il n'y a rien que je ne fasse pour Clitidas.

CLITIDAS.

Belles paroles de tous côtés. Voici la Princesse ; prenons mon tems pour l'aborder.

E 3

SCENE VI.
ERIPHILE, CLEONICE.
CLÉONICE.

ON trouvera étrange, Madame, que vous vous soyez écarté de tout le monde.

ERIPHILE.

Ah! Qu'aux personnes comme nous, qui sommes toujours accablées de tant de gens, un peu de solitude est par fois agréable, & qu'après mille impertinens entretiens, il est doux de s'entretenir avec ses pensées! Qu'on me laisse ici promener toute seule.

CLÉONICE.

Ne voudriez-vous pas, Madame, voir un petit essai de la disposition de ces gens admirables qui veulent se donner à vous? Ce sont des personnes qui, par leurs pas, leurs gestes & leurs mouvemens, expriment aux yeux toutes choses; & on appelle cela pantomimes. J'ai tremblé à vous dire ce mot; & il y a des gens dans votre Cour qui ne me le pardonneroient pas.

ERIPHILE.

Vous avez bien la mine, Cléonice, de me venir ici régaler d'un mauvais divertissement; car, grace au Ciel, vous ne manquez pas de vouloir produire indifféremment tout ce qui se presente à vous; & vous avez une affabilité qui ne rejette rien. Aussi est-ce à vous seule qu'on voit avoir recours toutes les Muses nécessitantes; vous êtes la grande protectrice du mérite incommodé, & tout ce qu'il y a de vertueux indigens au monde, va débarquer chez vous.

CLÉONICE.

Si vous n'avez pas envie de les voir, Madame, il ne faut que les laisser-là.

COMEDIE.

ERIPHILE.

Non, non, voyons-les. Faites-les venir.

CLÉONICE.

Mais peut-être, Madame, que leur danse sera méchante.

ERIPHILE.

Méchante, ou non, il la faut voir. Ce ne seroit avec vous que reculer la chose, & il vaut mieux en être quitte.

CLÉONICE.

Ce ne sera ici, Madame, qu'une danse ordinaire; une autre fois.

ERIPHILE.

Point de préambule, Cleonice. Qu'ils dansent.

Fin du premier Acte.

II. INTERMEDE.

ENTRÉE DE BALLET.

Trois Pantomimes dansent devant Eriphile.

Fin du second Intermede.

ACTE II.

SCENE PREMIERE.
ERIPHILE, CLEONICE.
ERIPHILE.

Voila qui est admirable. Je ne crois pas qu'on puisse mieux danser qu'ils dansent, & je suis bien-aise de les avoir à moi.

CLEONICE.
Et moi, Madame, je suis bien-aise que vous ayez vu que je n'ai pas si méchant goût que vous avez pensé.

ERIPHILE.
Ne triomphez point tant, vous ne tarderez guére à me faire avoir ma revanche. Qu'on me laisse ici.

SCENE II.
ERIPHILE, CLEONICE, CLITIDAS.

CLEONICE *allant au-devant de Clitidas.*

Je vous avertis, Clitidas, que la Princesse veut être seule.

CLITIDAS.
Laissez-moi faire, je suis homme qui sçais ma cour.

SCENE III.
ERIPHILE, CLITIDAS.
CLITIDAS *en chantant.*

La, la, la, la.
(*faisant l'étonné en voyant Eriphile.*)
Ah!
ERIPHILE *à Clitidas qui feint de vouloir s'éloigner.*
Clitidas.
CLITIDAS.
Je ne vous avois pas vue-là, Madame.
ERIPHILE.
Approche. D'où viens-tu?
CLITIDAS.
De laisser la Princesse votre mere qui s'en alloit vers le Temple d'Apollon, accompagnée de beaucoup de gens.
ERIPHILE.
Ne trouves-tu pas ces lieux les plus charmans du monde?
CLITIDAS.
Assurément. Les Princes vos amans y étoient.
ERIPHILE.
Le fleuve Pénée fait ici d'agréables détours.
CLITIDAS.
Fort agréables. Sostrate y étoit aussi.
ERIPHILE.
D'où vient qu'il n'est pas venu à la promenade?
CLITIDAS.
Il a quelque chose dans la tête qui l'empêche de prendre plaisir à tous ces beaux régals. Il m'a voulu entretenir; mais vous m'avez défendu si expressément de me charger d'aucune affaire auprès de vous, que je n'ai point voulu lui prêter l'oreille; &

E 5

& que je lui ai dit nettement que je n'avois pas le loisir de l'entendre.

ERIPHILE.
Tu as eu tort de lui dire cela, & tu devois l'écouter.

CLITIDAS.
Je lui ai dit d'abord que je n'avois pas le loisir de l'entendre ; mais après, je lui ai donné audience.

ERIPHILE.
Tu as bien fait.

CLITIDAS.
En vérité, c'est un homme qui me revient, un homme fait comme je veux que les hommes soient faits, ne prennant point des manieres bruyantes, & des tons de voix assommans, sage & posé en toutes choses, ne parlant jamais que bien à propos, point prompt à décider, point du tout exagérateur incommode ; &, quelques beaux vers que nos Poëtes lui aient recités, je ne lui ai jamais oui dire, voilà qui est plus beau que tout ce qu'a jamais fait Homere. Enfin, c'est un homme pour qui je me sens de l'inclination ; &, si j'étois Princesse, il ne seroit pas malheureux.

ERIPHILE.
C'est un homme d'un grand mérite, assurément ; mais de quoi t'a-t-il parlé ?

CLITIDAS.
Il m'a demandé si vous aviez témoigné grande joie au magnifique régal que l'on vous a donné, m'a parlé de votre personne avec des transports les plus grands du monde, vous a mise au-dessus du Ciel, & vous a donné toutes les louanges qu'on peut donner à la Princesse la plus accomplie de la terre, entremêlant tout cela de plusieurs soupirs qui disoient plus qu'il ne vouloit. Enfin, à force de le tourner de tous côtés & de le presser sur la cause de cette profonde mélancolie, dont toute la Cour s'apperçoit, il a été contraint de m'avouer qu'il étoit amoureux.

COMEDIE.

ERIPHILE.

Comment amoureux ! Quelle témérité est la sienne ?
C'est un extravagant que je ne verrai de ma vie.

CLITIDAS.

De quoi vous plaignez-vous, Madame ?

ERIPHILE.

Avoir l'audace de m'aimer ? Et, & de plus, avoir l'audace de le dire.

CLITIDAS.

Ce n'est pas de vous, Madame, dont il est amoureux.

ERIPHILE.

Ce n'est pas de moi ?

CLITIDAS.

Non, Madame. Il vous respecte trop pour cela, & est trop sage pour y penser.

ERIPHILE.

Et de qui donc, Clitidas ?

CLITIDAS.

D'une de vos filles, la jeune Arsinoé.

ERIPHILE.

A-t-elle tant d'appas, qu'il n'ait trouvé qu'elle digne de son amour.

CLITIDAS.

Il l'aime éperdûment, & vous conjure d'honorer sa flamme de votre protection.

ERIPHILE.

Moi ?

CLITIDAS.

Non, non, Madame. Je vois que la chose ne vous plaît pas. Votre colere m'a obligé à prendre ce détour ; &, pour vous dire la vérité, c'est vous qu'il aime éperdûment.

ERIPHILE.

Vous êtes un insolent de venir ainsi surprendre mes sentimens. Allons, sortez d'ici, vous vous mêlez de vouloir lire dans les ames, de vouloir pénétrer dans les secrets du cœur d'une Princesse. Otez-vous de mes yeux, & que je ne vous voie jamais, Clitidas.

E 6

CLITIDAS.
Madame.
ERIPHILE.
Venez ici. Je vous pardonne cette affaire-là.
CLITIDAS.
Trop de bonté, Madame.
ERIPHILE.
Mais à condition, prenez bien garde à ce que je vous dis, que vous n'en ouvrirez la bouche à personne du monde, sur peine de la vie.
CLITIDAS.
Il suffit.
ERIPHILE.
Sostrate t'a donc dit qu'il m'aimoit.
CLITIDAS.
Non, Madame; il faut vous dire la vérité, j'ai tiré de son cœur, par surprise, un secret qu'il veut cacher à tout le monde, & avec lequel il est, dit-il, résolu de mourir. Il a été au désespoir du vol subtil que je lui en ai fait ; &, bien loin de vous charger de vous le découvrir : il m'a conjuré avec toutes les instantes prieres qu'on sçauroit faire, de ne vous en rien révéler, & c'est trahison contre lui que ce que je viens de vous dire.
ERIPHILE.
Tant mieux. C'est par son seul respect qu'il peut me plaire, &, s'il étoit si hardi que de me déclarer son amour, il perdroit pour jamais & ma présence & mon estime.
CLITIDAS.
Ne craignez point, Madame...
ERIPHILE.
Le voici. Souvenez-vous au moins, si vous êtes sage, de la défense que je vous ai faite.
CLITIDAS.
Cela est fait, Madame. Il ne faut pas être courtisan indiscret.

COMEDIE. 109

SCENE IV.
ERIPHILE, SOSTRATE.

SOSTRATE.

J'Ai une excuse, Madame, pour oser interrompre votre solitude; & j'ai reçu de la Princesse votre mere, une commission qui autorise la hardiesse que je prends maintenant.

ERIPHILE.
Quelle commission, Sostrate?

SOSTRATE.
Celle, Madame, de tâcher d'apprendre de vous vers lequel des deux Princes peut incliner votre cœur.

ERIPHILE.
La Princesse ma mere montre un esprit judicieux dans le choix qu'elle a fait de vous pour un pareil emploi. Cette commission, Sostrate, vous a été agréable, sans doute; & vous l'avez acceptée avec beaucoup de joie.

SOSTRATE.
Je l'ai acceptée, Madame, par la nécessité que mon devoir m'impose d'obéir; &, si la Princesse avoit voulu recevoir mes excuses, elle auroit honoré quelqu'autre de cet emploi.

ERIPHILE.
Quelle cause, Sostrate, vous obligeoit à le refuser?

SOSTRATE.
La crainte, Madame, de m'en acquitter mal.

ERIPHILE.
Croyez-vous que je ne vous estime pas assez pour vous ouvrir mon cœur, & vous donner toutes les lumieres que vous pourrez desirer de moi sur le sujet de ces deux Princes?

SOSTRATE.

Je ne defire rien pour moi là-deſſus, Madame; & je ne vous demande que ce que vous croirez devoir donner aux ordres qui m'amenent.

ERIPHILE.

Juſqu'ici je me ſuis défendue de m'expliquer, & la Princeſſe ma mere a eu la bonté de ſouffrir que j'aie reculé toujours ce choix qui me doit engager; mais je ſerai bien-aiſe de témoigner à tout le monde que je veux faire quelque choſe pour l'amour de vous; &, ſi vous m'en preſſez, je rendrai cet arrêt qu'on attend depuis ſi long-tems.

SOSTRATE.

C'eſt une choſe, Madame, dont vous ne ſerez point importunée par moi; & je ne ſçaurois me réſoudre à preſſer une Princeſſe qui ſçait trop ce qu'elle a à faire.

ERIPHILE.

Mais c'eſt ce que la Princeſſe ma mere attend de vous.

SOSTRATE.

Ne lui ai-je pas dit auſſi que je m'acquitterois mal de cette commiſſion?

ERIPHILE.

Or çà, Soſtrate, les gens comme vous ont toujours les yeux pénétrans; & je penſe qu'il ne doit y avoir guéres de choſes qui échappent aux vôtres. N'ont-ils pu découvrir, vos yeux, ce dont tout le monde eſt en peine, & ne vous ont-ils point donné quelques petites lumieres du penchant de mon cœur? Vous voyez les ſoins qu'on me rend, l'empreſſement qu'on me témoigne. Quel eſt celui de ces deux Princes que vous croyez que je regarde d'un œil plus doux?

SOSTRATE.

Les doutes que l'on forme ſur ces ſortes de choſes, ne ſont réglés d'ordinaire que par les intérêts qu'on prend.

ERIPHILE.

Pour qui, Soſtrate, pencheriez-vous des deux. Quel eſt celui, dites-moi, que vous ſouhaiteriez que j'épouſaſſe?

COMEDIE.
SOSTRATE.
Ah! Madame, ce ne seront pas mes souhaits, mais votre inclination qui décidera de la chose.
ERIPHILE.
Mais, si je me conseillois à vous pour ce choix?
SOSTRATE.
Si vous vous conseillez à moi, je serois fort embarrassé.
ERIPHILE.
Vous ne pourriez pas dire, qui des deux vous semble plus digne de cette préférence?
SOSTRATE.
Si l'on s'en rapporte à mes yeux, il n'y aura personne qui soit digne de cet honneur. Tous les Princes du monde seront trop peu de chose pour aspirer à vous, les Dieux seuls y pourront prétendre, & vous ne souffrirez des hommes que l'encens & les sacrifices.
ERIPHILE.
Cela est obligeant, & vous êtes de mes amis. Mais je veux que vous me disiez pour qui des deux vous vous sentez plus d'inclination, quel est celui que vous mettez le plus au rang de vos amis.

SCENE V.
ERIPHILE, SOSTRATE, CHOREBE.
CHOREBE.
MAdame, voilà la Princesse qui vient vous prendre ici, pour aller au bois de Diane.
SOSTRATE *à part*.
Hélas! petit garçon, que tu es venu à propos.

SCENE VI.

ARISTIONE, ERIPHILE, IPHICRATE, TIMOCLES, SOSTRATE, ANAXARQUE, CLITIDAS.

ARISTIONE.

ON vous a demandé, ma fille ; & il y a des gens que votre absence chagrine fort.

ERIPHILE.

Je pense, Madame, qu'on m'a demandée par compliment, & on ne s'inquiète pas tant qu'on vous dit.

ARISTIONE.

On enchaîne pour nous ici tant de divertissemens les uns aux autres, que toutes nos heures sont retenues, & nous n'avons aucun moment à perdre, si nous voulons les goûter tous. Entrons vite dans le bois, & voyons ce qui nous attend. Ce lieu est le plus beau du monde, prenons vite nos places.

Fin du second Acte.

III. INTERMEDE.

Le Théatre représente un Bois consacré à Diane.

LA NYMPHE DE TEMPÉ.

Venez, grande Princesse, avec tous vos appas,
Venez prêter vos yeux aux innocens ébats,
  Que notre désert vous présente ;
N'y cherchez point l'éclat des fêtes de la Cour,
  On ne sent ici que l'amour ;
  Ce n'est que d'amour qu'on y chante.

COMEDIE.

PASTORALE.

SCENE PREMIERE.

TIRCIS.

Vous chantez sous ces feuillages,
Doux rossignols plein d'amour ;
Et, de vos tendres ramages,
Vous réveillez tour à tour
Les échos de ces bocages ;
Hélas ! petits oiseaux, hélas !
Si vous aviez mes maux, vous ne chanteriez pas.

SCENE II.

LICASTE, MENANDRE, TIRCIS.

LICASTE.

Hé quoi ! toujours languissant, sombre & triste ?
MENANDRE.
Hé quoi, toujours aux pleurs abandonné ?
TIRCIS.
Toujours adorant Caliste,
Et toujours infortuné.
LICASTE.
Dompte, dompte, Berger, l'ennui qui te posséde.
TIRCIS.
Hé le moyen, hélas !

LES AMANS MAGNIFIQUES,

MENANDRE.

Fais, fais-toi quelque effort ?

TIRCIS.

Hé le moyen, hélas ! quand le mal est trop fort ?

LICASTE.

Ce mal trouvera son remede.

TIRCIS.

Je ne guérirai qu'à ma mort.

LICASTRE & MENANDRE.

Ah ! Tircis.

TIRCIS.

Ah ! Bergers.

LICASTE & MENANDRE.

Prends sur toi plus d'empire.

TIRCIS.

Rien ne me peut secourir.

LICASTE & MENANDRE.

C'est trop, c'est trop céder.

TIRCIS.

C'est trop, c'est trop souffrir.

LICASTE & MENANDRE.

Quelle foiblesse !

TIRCIS.

Quel martyre !

LICASTE & MENANDRE.

Il faut prendre courage.

TIRCIS.

Il faut plutôt mourir.

LICASTE.

Il n'est point de Bergere
Si froide & si sévére,
Dont la pressante ardeur
D'un cœur qui persévére,
Ne vainque la froideur.

MENANDRE.

Il est dans les affaires
Des amoureux mysteres,
Certains petits momens
Qui changent les plus fiéres,

COMEDIE.

Et font d'heureux amans.
TIRCIS.
Je la vois, la cruelle.
Qui porte ici ses pas.
Gardons d'être vu d'elle,
L'ingrate, hélas !
N'y viendroit pas.

SCENE III.
CALISTE *seule*.

AH ! que, sur notre cœur,
La sévère loi de l'honneur
Prend un cruel empire !
Je ne fais voir que rigueurs pour Tircis ;
Et cependant sensible à ses cuisans soucis,
De sa langueur en secret je soupire ;
Et voudrois bien soulager son martyre.
C'est à vous seuls que je le dis,
Arbres, n'allez pas le redire.

Puisque le Ciel a voulu nous former
Avec un cœur qu'Amour peut enflammer,
Quelle rigueur impitoyable,
Contre des traits si doux nous force à nous armer ?
Et pourquoi, sans être blamable,
Ne peut-on pas aimer
Ce que l'on trouve aimable ?

Hélas ! que vous êtes heureux,
Innocens animaux de vivre sans contrainte,
Et de pouvoir suivre, sans crainte,
Les doux emportemens de vos cœurs amoureux !
Hélas ! petits oiseaux, que vous êtes heureux

De ne sentir nulle contrainte ;
Et de pouvoir suivre, sans crainte,
Les doux emportemens de vos cœurs amoureux ?

Mais le sommeil, sur ma paupiere,
Verse de ses pavots l'agréable fraîcheur ;
Donnons-nous à lui toute entiere.
Nous n'avons point de loi sévére
Qui défende à nos sens d'en goûter la douceur.
(*Elle s'endort sur un lit de gazon.*)

SCENE IV.

CALISTE *endormie*, TIRCIS, LICASTE, MENANDRE.

TIRCIS.

Vers ma belle ennemie,
Portons sans bruit nos pas ;
Et ne réveillons pas.
Sa rigueur endormie.

TOUS TROIS.

Dormez, dormez, beaux yeux, adorables vainqueurs ;
Et goûtez le repos que vous ôtez aux cœurs.

TIRCIS.

Silence, petits oiseaux,
Vents, n'agitez nulle chose,
Coulez doucement, ruisseaux,
C'est Caliste qui repose.

TOUS TROIS.

Dormez, dormez, beaux yeux, adorable vainqueurs ;
Et goûtez le repos que vous ôtez aux cœurs.

COMEDIE.

CALISTE *en se réveillant, à Tircis.*
Ah ! Quelle peine extrême !
Suivre par tout mes pas !

TIRCIS.
Que voulez-vous qu'on suive, hélas !
Que ce qu'on aime ?

CALISTE.
Berger, que voulez-vous ?

TIRCIS.
Mourir, belle Bergere ;
Mourir à vos genoux,
Et finir ma misere.
Puisqu'en vain, à vos pieds, on me voit soupirer,
Il y faut expirer.

CALISTE.
Ah ! Tircis, ôtez-vous. J'ai peur que dans ce jour,
La pitié dans mon cœur n'introduise l'amour.

LICASTE & MENANDRE *ensemble.*
Soit amour, soit pitié,
Il sied bien d'être tendre.
C'est par trop vous défendre,
Bergere, il faut se rendre
A sa longue amitié.
Soit amour, soit pitié,
Il sied bien d'être tendre.

CALISTE *à Tircis.*
C'est trop, c'est trop de rigueur.
J'ai maltraité votre ardeur.
Chérissant votre personne ;
Vengez-vous de mon cœur,
Tircis, je vous le donne.

TIRCIS.
O Ciel ! Bergers ! Caliste ! Ah ! je suis hors de moi.
Si l'on meurt de plaisir, je dois perdre la vie.

LICASTE.
Digne prix de ta foi.

MENANDRE.
O sort digne d'envie !

SCENE V.
DEUX SATYRES, CALISTE, TIRCIS, LICASTE, MENANDRE.

1. SATYRE à *Caliste*.

Quoi, tu me fuis, ingrate; & je te vois ici
De ce Berger à moi faire une préférence?
2. SATYRE.
Quoi, mes soins n'ont rien pu sur ton indifférence,
Et, pour ce langoureux, ton cœur s'est adouci.
CALISTE.
Le destin le veut ainsi ;
Prenez tous deux patience.
1. SATYRE.
Aux amans qu'on pousse à bout,
L'amour fait verser des larmes ;
Mais ce n'est pas notre goût,
Et la bouteille a des charmes
Qui nous consolent de tout.
2. SATYRE.
Notre amour n'a pas toujours
Tout le bonheur qu'il désire ;
Mais nous avons un secours,
Et le bon vin nous fait rire,
Quand on rit de nos amours.
TOUS.
Champêtres Divinités,
Faunes, Dryades, sortez
De vos paisibles retraites ;
Mêlez vos pas à nos sons,
Et tracez sur les herbettes
L'image de nos chansons.

COMEDIE.

SCENE VI.
CALISTE, TIRCIS, LICASTE, MENANDRE, FAUNES, DRYADES.

PREMIERE ENTRÉE DE BALLET.

Danses des Faunes & des Dryades.

SCENE VII.
CLIMENE, PHILINTE, CALISTE, TIRCIS, LICASTE, MENANDRE, FAUNES, DRYADES.

PHILINTE.
Quand je plaisois à tes yeux,
J'étois content de ma vie ?
Et ne voyois Rois ni Dieux
Dont le sort me fit envie.

CLIMENE.
Lorsqu'à toute autre personne
Me préféroit ton ardeur,
J'aurois quitté la couronne,
Pour régner dessus ton cœur.

PHILINTE.
Un autre a guéri mon ame
Des feux que j'avois pour toi.

CLIMENE.
Un autre a vengé ma flamme
Des foiblesses de ta foi.

PHILINTE.
Cloris, qu'on vante si fort,

M'aime d'une ardeur fidele ;
Si ses yeux vouloient ma mort,
Je mourrois content pour elle.

CLIMENE.

Mirtil, si digne d'envie,
Me chérit plus que le jour ;
Et moi, je perdrois la vie,
Pour lui montrer mon amour.

PHILINTE.

Mais si d'une douce ardeur
Quelque rénaissante trace
Chassoit Cloris de mon cœur
Pour te remettre en sa place ?

CLIMENE.

Bien qu'avec pleine tendresse
Mirtil me puisse chérir,
Avec toi je le confesse,
Je voudrois vivre & mourir.

TOUS DEUX ENSEMBLE.

Ah, plus que jamais aimons-nous ;
Et vivons & mourrons en des liens si doux.

TOUS LES ACTEURS DE LA PASTORALE.

Amans que vos querelles
Sont aimables & belles !
Qu'on y voit succéder
De plaisirs, de tendresse !
Querellez-vous sans cesse
Pour vous-raccommoder.

II. ENTRÉE

II. ENTRÉE DE BALLET.

Les Faunes & les Dryades recommencent leurs danses, tandis que trois petites Dryades, & trois petits Faunes, font paroître dans l'enfoncement du Théatre tout ce qui se passe sur le devant. Ces danses sont entremêlées des chansons des Bergers.

CHŒUR DE BERGERS & DE BERGERES.

Jouissons, jouissons des plaisirs innocens
Dont les feux de l'Amour savent charmer nos sens.

Des grandeurs, qui voudra se soucie;
Tous ces honneurs dont on a tant d'envie,
Ont des chagrins qui sont trop cuisans.
Jouissons, jouissons des plaisirs innocens
Dont les feux de l'Amour sçavent charmer nos sens.

En aimant, tout nous plaît dans la vie,
Deux cœurs unis de leur sort sont contens;
Cette ardeur de plaisirs suivie,
De tous nos jours fait d'éternels printems.
Jouissons, jouissons des plaisirs innocens
Dont les feux de l'Amour sçavent charmer nos sens.

Fin du troisieme Intermede.

Tome VI. F

ACTE III.

SCENE PREMIERE.

ARISTIONE, IPHICRATE, TIMOCLES, ANAXARQUE, ERIPHILE, SOSTRATE, CLITIDAS.

ARISTIONE.

LEs mêmes paroles toujours se presentent à dire. Il faut toujours s'écrier, voilà qui est admirable, il ne se peut rien de plus beau, cela passe ce qu'on n'a jamais vu.

TIMOCLES.

C'est donner de trop grandes paroles, Madame, à de petites bagatelles.

ARISTIONE.

Des bagatelles, comme celles-là, peuvent occuper agréablement les plus sérieuses personnes. En vérité, ma fille, vous êtes bien obligée à ces Princes, & vous ne sçauriez assez reconnoître tous les soins qu'ils prennent pour vous.

ERIPHILE.

J'en ai, Madame, tout le ressentiment qu'il est possible.

ARISTIONE.

Cependant vous les faites long-tems languir, sur ce qu'ils attendent de vous. J'ai promis de ne vous point contraindre ; mais leur amour vous presse de vous déclarer, & de ne plus traîner en longueur la récompense de leurs services. J'ai chargé Sostrate d'apprendre doucement de vous, les sentimens de

votre cœur ; & je ne sçais pas s'il a commencé à s'acquitter de cette commission.
ERIPHILE.
Oui, Madame ; mais il me semble que je ne puis assez reculer ce choix dont on me presse, & que je ne sçaurois le faire sans mériter quelque blâme. Je me sens également obligée à l'amour, aux empressemens, aux services de ces deux Princes ; & je trouve une espece d'injustice bien grande à me montrer ingrate, ou vers l'un, ou vers l'autre, par le refus qu'il m'en faudra faire dans la préférence de son rival.
IPHICRATE.
Cela s'appelle, Madame, un fort honnête compliment pour nous refuser tous deux.
ARISTIONE.
Ce scrupule, ma fille, ne doit point vous inquiéter ; & ces Princes tous deux se sont soumis, il y a long-temps, à la préférence que pourra faire votre inclination.
ERIPHILE.
L'inclination, Madame, est fort sujette à se tromper ; & des yeux désintéressés sont beaucoup plus capables de faire un juste choix.
ARISTIONE.
Vous sçavez que je suis engagée de parole à ne rien prononcer là-dessus ; &, parmi ces deux Princes, votre inclination ne peut point se tromper, & faire un choix qui soit mauvais.
ERIPHILE.
Pour ne point violenter votre parole, ni mon scrupule, agréez, Madame, un moyen que j'ose proposer.
ARISTIONE.
Quoi, ma fille ?
ERIPHILE.
Que Sostrate décide de cette préférence. Vous l'avez pris pour découvrir le sujet de mon cœur, souf-

frez que je le prenne pour me tirer de l'embarras où je me trouve.
ARISTIONE.
J'eſtime tant Soſtrate que, ſoit que vous vouliez vous ſervir de lui pour expliquer vos ſentimens, ou ſoit que vous vous en remettiez abſolument à ſa conduite, je fais, dis-je, tant d'eſtime de la vertu & de ſon jugement, que je conſens de tout mon cœur à la propoſition que vous me faites.
IPHICRATE.
C'eſt-à-dire, Madame qu'il nous faut faire notre cour à Soſtrate ?
SOSTRATE.
Non, Seigneur, vous n'auriez point de cour à me faire, &, avec tout le reſpect que je dois aux Princeſſes, je renonce à la gloire où elles veulent m'élever.
ARISTIONE.
D'où vient cela, Soſtrate ?
SOSTRATE.
J'ai des raiſons, Madame, qui ne me permettent pas que je reçoive l'honneur que vous me preſentez.
IPHICRATE.
Craignez-vous, Soſtrate, de vous faire un ennemi ?
SOSTRATE.
Je craindrois peu, Seigneur, les ennemis que je pourrois me faire, en obéiſſant à mes Souveraines.
TIMOCLES.
Par quelle raiſon donc refuſez-vous d'accepter le pouvoir qu'on vous donne, & de vous acquérir l'amitié d'un Prince qui vous devroit tout ſon bonheur ?
SOSTRATE.
Par la raiſon que je ne ſuis pas en état d'accorder à ce Prince ce qu'il ſouhaiteroit de moi.
IPHICRATE.
Quelle pourroit être cette raiſon ?

SOSTRATE.

Pourquoi me tant presser là-dessus ? Peut-être ai-je, Seigneur, quelqu'intérêt secret qui s'oppose aux prétentions de votre amour. Peut-être ai-je un ami qui brûle, sans oser le dire, d'une flamme respectueuse pour les charmes divins dont vous êtes épris. Peut-être cet ami me fait-il tous les jours confidence de son martyre, qu'il se plaint à moi tous les jours des rigueurs de sa destinée, & regarde l'hymen de la Princesse, ainsi que l'Arrêt redoutable qui le doit pousser au tombeau ; & si cela étoit, Seigneur, seroit-il raisonnable que ce fût de ma main qu'il reçut le coup de sa mort ?

IPHICRATE.

Vous auriez bien la mine, Sostrate, d'être vous-même cet ami dont vous prenez les intérêts.

SOSTRATE.

Ne cherchez point, de grace, à me rendre odieux aux personnes qui vous écoutent. Je sçais me connoître, Seigneur ; & les malheureux, comme moi, n'ignorent pas jusqu'où leur fortune leur permet d'aspirer.

ARISTIONE.

Laissons cela. Nous trouverons le moyen de terminer l'irrésolution de ma fille.

ANAXARQUE.

En est-il un meilleur, Madame pour terminer les choses au contentement de tout le monde, que les lumieres que le ciel peut donner sur ce mariage ? J'ai commencé, comme je vous ai dit, à jetter pour cela les figures mystérieuses que notre art nous enseigne, & j'espere vous faire voir tantôt ce que l'avenir garde à cette union souhaitée. Après cela, pourra-t-on balancer encore ? La gloire & les prospérités que le Ciel promettra, ou à l'un, ou à l'autre choix, ne seront-elles pas suffisantes pour le déterminer ; & celui qui sera exclus pourra-t-il s'offenser, quand ce sera le Ciel qui décidera cette préférence?

IPHICRATE.

Pour moi, je m'y soumets entièrement; & je déclare que cette voie me semble la plus raisonnable.

TIMOCLES.

Je suis de même avis; & le Ciel ne sçauroit rien faire où je ne souscrive sans répugnance.

ERIPHILE.

Mais, Seigneur Anaxarque, voyez-vous si clair dans les destinées, que vous ne vous trompiez jamais; & ces prospérités, & cette gloire que vous dites que le Ciel nous promet, qui en sera caution, je vous prie?

ARISTIONE.

Ma fille, vous avez une petite incrédulité qui ne vous quitte point.

ANAXARQUE.

Les épreuves, Madame, que tout le monde a vues, de l'infaillibilité de mes prédictions, sont les cautions suffisantes des promesses que je puis faire. Mais enfin, quand je vous aurai fait voir ce que le Ciel vous marque, vous vous réglerez là-dessus à votre fantaisie; & ce sera à vous à prendre la fortune de l'un, ou de l'autre choix.

ERIPHILE.

Le Ciel, Anaxarque, me marquera les deux fortunes qui m'attendent?

ANAXARQUE.

Oui, Madame; les félicités qui vous suivront, si vous épousez l'un, & les disgraces qui vous accompagneront, si vous épousez l'autre.

ERIPHILE.

Mais, comme il est impossible que je les épouse tous deux, il faut donc qu'on trouve écrit dans le Ciel, non-seulement ce qui doit arriver, mais aussi ce qui ne doit pas arriver.

COMEDIE.

CLITIDAS à part.

Voilà mon Astrologue embarrassé.

ANAXARQUE.

Il faudroit vous faire, Madame, une longue discussion des principes de l'Astrologie, pour vous faire comprendre cela.

CLITIDAS.

Bien répondu. Madame, je ne dis point de mal de l'Astrologie. L'Astrologie est une belle chose, & le Seigneur Anaxarque est un grand homme.

IPHICRATE.

La vérité de l'Astrologie est une chose incontestable; & il n'y a personne qui puisse disputer contre la certitude de ses prédictions.

CLITIDAS.

Assurément.

TIMOCLES.

Je suis assez incrédule pour quantité de choses; mais pour ce qui est de l'Astrologie, il n'y a rien de plus sûr & de plus constant, que le succès des horoscopes qu'elle tire.

CLITIDAS.

Ce sont des choses les plus claires du monde.

IPHICRATE.

Cent aventures prédites arrivent tous les jours, qui convainquent les plus opiniâtres.

CLITIDAS.

Il est vrai.

TIMOCLES.

Peut-on contester, sur cette matiere, les incidens célebres dont les histoires nous font foi?

CLITIDAS.

Il faut n'avoir pas le sens commun. Le moyen de contester ce qui est moulé!

ARISTIONE.

Sostrate n'en dit mot. Quel est son sentiment là-dessus?

F 4

SOSTRATE.

Madame, tous les esprits ne sont pas nés avec les qualités qu'il faut pour la délicatesse de ces belles sciences, qu'on nomme curieuses ; & il y en a de si matériels, qu'ils ne peuvent aucunement comprendre ce que d'autres conçoivent le plus facilement du monde. Il n'est rien de plus agréable, Madame, que toutes les grandes promesses de ces connoissances sublimes. Transformer tout en or, faire vivre éternellement, guérir par des paroles, se faire aimer de qui l'on veut, sçavoir tous les secrets de l'avenir, faire descendre comme on veut du Ciel, sur des métaux, des impressions de bonheur, commander aux démons, se faire des armées invisibles, & des soldats invulnérables, tout cela est charmant, sans doute ; & il y a des gens qui n'ont aucune peine à en comprendre la possibilité, cela leur est le plus aisé du monde à concevoir. Mais, pour moi, je vous avoue que mon esprit grossier a quelque peine à le comprendre ; & à le croire, & j'ai trouvé cela trop beau pour être véritable. Toutes ces belles raisons de sympathie, de force magnétique, & de vertu occulte, sont si subtiles & délicates, qu'elles échappent à mon sens matériel ; &, sans parler du reste, jamais il n'a été en ma puissance de concevoir comme on trouve écrit dans le Ciel jusqu'aux plus petites particularités de la fortune du moindre homme. Quel rapport, quel commerce, quelle correspondance peut-il y avoir entre nous & des globes éloignés de notre terre d'une distance si effroyable ? Et d'où cette belle science, enfin, peut-elle être venue aux hommes ? Quel Dieu l'a révélée, ou quelle expérience l'a pu former de l'observation de ce grand nombre d'astres, qu'on n'a pu voir encore deux fois dans la même disposition ?

ANAXARQUE.

Il ne sera pas difficile de vous le faire concevoir.

COMEDIE.

SOSTRATE.

Vous serez plus habile que tous les autres.

CLITIDAS à Sostrate.

Il vous fera une discussion de tout cela, quand vous voudrez.

IPHICRATE à Sostrate.

Si vous ne comprenez pas les choses, au moins les pouvez-vous croire, sur ce que l'on voit tous les jours.

SOSTRATE.

Comme mon sens est si grossier qu'il n'a pu rien comprendre, mes yeux aussi sont si malheureux qu'ils n'ont jamais rien vu.

IPHICRATE.

Pour moi, j'ai vu, & des choses tout-à-fait convaincantes.

TIMOCLES.

Et moi aussi.

SOSTRATE.

Comme vous avez vu, vous faites bien de croire; & il faut que vos yeux soient faits autrement que les miens.

IPHICRATE.

Mais, enfin, la Princesse croit à l'Astrologie; & il me semble qu'on y peut bien croire après elle. Est-ce que Madame, Sostrate, n'a pas de l'esprit & du sens?

SOSTRATE.

Seigneur, la question est un peu violente. L'esprit de la Princesse n'est pas une regle pour le mien; & son intelligence peut l'élever à des lumieres, où mon sens ne peut atteindre.

ARISTIONE.

Non, Sostrate, je ne vous dirai rien sur quantité de choses, auxquelles je ne donne guére plus de créance que vous. Mais, pour l'Astrologie, on m'a dit & fait voir des choses si positives, que je ne la puis mettre en doute.

F 5

LES AMANS MAGNIFIQUES,
SOSTRATE.
Madame, je n'ai rien à répondre à cela.
ARISTIONE.
Quittons ce discours, & qu'on nous laisse un moment. Dressons notre promenade, ma fille, vers cette belle grotte où j'ai promis d'aller. Des galanteries à chaque pas !

Fin du troisieme Acte.

IV. INTERMEDÈ.

Le Théatre represente une Grotte.

ENTRÉE DE BALLET.

Huit Statues portant chacune deux flambeaux, font une danse variée de plusieurs figures & de plusieurs attitudes, où elles demeurent par intervalles.

Fin du quatrieme Intermede.

ACTE IV.

SCENE PREMIERE.
ARISTIONE, ERIPHILE.

ARISTIONE.

DE qui que cela soit, on ne peut rien de plus galant & de mieux entendu. Ma fille, j'ai voulu me séparer de tout le monde pour vous entretenir; & je veux que vous ne me cachiez rien de la vérité. N'auriez-vous point dans l'ame quelque inclination secrete que vous ne voulez pas nous dire?

ERIPHILE.
Moi, Madame?

ARISTIONE.
Parlez à cœur ouvert, ma fille. Ce que j'ai fait pour vous, mérite bien que vous usiez avec moi de franchise. Tourner vers vous toutes mes pensées, vous préférer à toutes choses, & fermer l'oreille en l'état où je suis, à toutes les propositions que cent Princesses, en ma place, écouteroient avec bienséance, tout cela vous doit assez persuader que je suis une bonne mere; & que je ne suis pas pour recevoir avec sévérité les ouvertures que vous pourriez me faire de votre cœur.

ERIPHILE.
Si j'avois si mal suivi votre exemple, que de m'être laissée aller à quelques sentimens d'inclination que j'eusse raison de cacher, j'aurois, Madame, assez de pouvoir sur moi-même, pour imposer silence à cette passion, & me mettre en état de ne rien faire voir qui fût indigne de votre sang.

F 6

ARISTIONE.

Non, non, ma fille, vous pouvez, sans scrupule, m'ouvrir vos sentimens. Je n'ai point renfermé votre inclination dans le choix de deux Princes, vous pouvez l'étendre où vous voudrez, & le mérite, auprès de moi, tient un rang si considérable, que je l'égale à tout ; &, si vous m'avouez franchement les choses, vous me verrez souscrire sans répugnance au choix qu'aura fait votre cœur.

ERIPHILE.

Vous avez des bontés pour moi, Madame, dont je ne puis assez me louer. Mais je ne les mettrai point à l'épreuve sur le sujet dont vous me parlez ; & tout ce que je leur demande, c'est de ne point presser un mariage où je ne me sens pas encore bien résolue.

ARISTIONE.

Jusqu'ici je vous ai laissée assez la maîtresse de tout ; & l'impatience des Princes vos Amans.... Mais quel bruit est-ce que j'entends ? Ah ! ma fille, quel spectacle s'offre à nos yeux ? Quelque Divinité descend ici, & c'est la Déesse Vénus qui semble nous vouloir parler.

SCENE II.

VENUS *accompagné de quatre petits Amours dans une machine,* ARISTIONE, ERIPHILE.

VENUS à *Aristione.*

PRincesse, dans tes soins brille un zele exemplaire,
Qui, par les Immortels, doit être couronné ;
Et, pour te voir un gendre illustre & fortuné,
Leur main te veut marquer le choix que tu dois faire.
 Ils t'annoncent tous, par ma voix,
La gloire & les grandeurs que, par ce digne choix,

Ils feront pour jamais entrer dans ta famille.
De tes difficultés termine donc le cours ;
Et pense donner à ta fille,
A qui sauvera tes jours.

SCENE III.
ARISTIONE, ERIPHILE.
ARISTIONE.

MA fille, les Dieux imposent silence à tous nos raisonnemens. Après cela, nous n'avons plus rien à faire qu'à recevoir ce qu'ils s'apprêtent à nous donner ; & vous venez d'entendre distinctement leur volonté. Allons dans le premier Temple les assurer de notre obéissance, & leur rendre graces de leurs bontés.

SCENE IV.
ANAXARQUE, CLEON.
CLEON.

Voilà la Princesse qui s'en va. Ne voulez-vous pas lui parler ?

ANAXARQUE.

Attendons que sa fille soit séparée d'elle. C'est un esprit que je redoute, & qui n'est pas de trempe à se laisser mener, ainsi que celui de sa mere. Enfin, mon fils, comme nous venons de voir par cette ouverture, le stratagême a réussi. Notre Vénus a fait des merveilles ; & l'admirable ingénieur qui s'est employé à cet artifice, a si bien disposé tout, a coupé avec tant d'adresse le plancher de cette grotte, si bien caché ses fils de fer & tous ses ressorts, si bien ajusté ses lumieres, & habilé ses personnages, qu'il y a peu de gens qui n'y eussent été trompés; & comme la Princesse Aristione est fort superstitieuse, il ne faut point douter qu'elle ne donne à pleine tête dans cette tromperie. Il y a long-tems, mon fils, que je prépare cette machine; & me voilà tantôt au but de mes prétentions.

CLEON.

Mais pour lequel des deux Princes, au moins, dressez-vous tout cet artifice?

ANAXARQUE.

Tous deux ont recherché mon assistance; & je leur promets à tous deux la faveur de mon art. Mais les présens du Prince Iphicrate, & les promesses qu'il m'a faites, l'emportent de beaucoup sur tout ce qu'a pu faire l'autre. Ainsi ce sera lui qui recevra les effets favorables de tous les ressorts que je fais jouer, & comme son ambition me devra autre chose, voilà, mon fils, notre fortune faite. Je vais prendre mon tems pour affermir dans son erreur l'esprit de la Princesse, pour la mieux prévenir encore par le rapport que je lui ferai voir adroitement des paroles de Vénus, avec les prédictions des figures célestes que je lui dis que j'ai jettées. Va-t-en tenir la main au reste de l'ouvrage, préparer nos six hommes à se bien cacher dans leur barque derriere le rocher, à posément attendre le tems que la Princesse Aristione vient tous les soirs se promener seule sur le rivage, à se jetter bien à propos sur elle, ainsi que des corsaires; & donner lieu au Prince Iphicrate de lui apporter ce secours, qui, sur les paroles du Ciel, doit mettre entre ses mains la Princesse Eriphile. Ce Prince est averti par moi, &, sur la foi de ma prédiction, il doit se tenir dans ce petit bois qui borde le rivage. Mais sortons de cette grotte; je te dirai en marchant, toutes les choses qu'il faut bien observer. Voilà la Princesse Eriphile, évitons sa rencontre.

SCENE V.
ERIPHILE seule.

HElas, quelle est ma destinée ! & qu'ai-je fait aux Dieux pour mériter les soins qu'ils veulent prendre de moi ?

SCENE VI.
ERIPHILE, CLEONICE.
CLEONICE.

LE voici, Madame, que j'ai trouvé ; &, à vos premiers ordres, il n'a pas manqué de me suivre.
ERIPHILE.
Qu'il approche, Cléonice, & qu'on nous laisse seuls un moment.

SCENE VII.
ERIPHILE, SOSTRATE.
ERIPHILE.

SOstrate, vous m'aimez ?
SOSTRATE.
Moi, Madame ?
ERIPHILE.
Laissons cela, Sostrate. Je le sçais, je l'approuve, & vous permets de me le dire. Votre passion a paru à

mes yeux, accompagnée de tout le mérite qui me la pouvoit rendre agréable. Si ce n'étoit le rang où le Ciel m'a fait naître, je puis vous dire que cette passion n'auroit pas été malheureuse; & que cent fois je lui ai souhaité l'appui d'une fortune, qui pût mettre pour elle en pleine liberté les secrets sentimens de mon ame. Ce n'est pas, Sostrate, que le mérite seul n'ait à mes yeux tout le prix qu'il peut avoir; & que dans mon cœur, je ne préfere les vertus qui sont en vous, à tous les titres magnifiques dont les autres sont revêtus. Ce n'est pas même que la Princesse ma mere ne m'ait assez laissé la disposition de mes vœux; & je ne doute point, je vous l'avoue, que mes prieres n'eussent pu tourner son consentement du côté que j'aurois voulu. Mais il est des états, Sostrate, où il n'est pas honnête de vouloir tout ce qu'on peut faire. Il y a des chagrins à se mettre au-dessus de toutes choses; & les bruits fâcheux de la renommée vous font trop acheter le plaisir que l'on trouve à contenter son inclination. C'est à quoi, Sostrate, je ne me serois jamais résolue; & j'ai cru faire assez de fuir l'engagement dont j'étois sollicitée. Mais enfin, les Dieux veulent prendre eux-mêmes le soin de me donner un époux, & tous ces longs délais avec lesquels j'ai reculé mon mariage, & que les bontés de la Princesse ma mere ont accordés à mes desirs, ces délais, dis-je, ne me sont plus permis; & il me faut résoudre à subir cet arrêt du Ciel. Soyez sûr, Sostrate, que c'est avec toutes les répugnances du monde que je m'abandonne à cet hymenée; & que, si j'avois pu être maîtresse de moi, ou j'aurois été à vous, ou je n'aurois été à personne. Voilà, Sostrate, ce que j'avois à vous dire. Voilà ce que j'ai cru devoir à votre mérite, & la consolation que toute ma tendresse peut donner à votre flamme.

SOSTRATE.

Ah, Madame, c'en est trop pour un malheureux. Je ne m'étois pas préparé à mourir avec tant de gloire;

& je cesse, dans ce moment, de me plaindre des destinées. Si elles m'ont fait naître dans un rang beaucoup moins élevé que mes desirs, elles m'ont fait naître assez heureux pour attirer quelque pitié du cœur d'une grande Princesse; & cette pitié glorieuse vaut des sceptres & des couronnes, vaut la fortune des plus grands Princes de la terre. Oui, Madame, dès que j'ai osé vous aimer, c'est vous, Madame, qui voulez bien que je me serve de ce mot téméraire; dès que j'ai, dis-je, osé vous aimer, j'ai condamné d'abord l'orgueil de mes desirs, je me suis fait moi-même la destinée que je devois attendre. Le coup de mon trépas, Madame, n'aura rien qui me surprenne, puisque je m'y étois préparé; mais vos bontés le comblent d'un honneur que mon amour jamais n'eût osé espérer, & je m'en vais mourir, après cela, le plus content & le plus glorieux de tous les hommes. Si je puis encore souhaiter quelque chose, ce sont deux graces, Madame, que je prends la hardiesse de vous demander à genoux, de vouloir souffrir ma présence jusqu'à cet heureux hymenée qui doit mettre fin à ma vie; &, parmi cette grande gloire & ces longues prospérités que le Ciel promet à votre union, de vous souvenir quelquefois de l'amoureux Sostrate. Puis-je, divine Princesse, me promettre de vous cette précieuse faveur ?

ERIPHILE.

Allez, Sostrate, sortez d'ici. Ce n'est pas aimer mon repos, que me demander que je me souvienne de vous.

SOSTRATE.

Ah, Madame, si votre repos....

ERIPHILE.

Otez-vous, vous dis-je, Sostrate, Epargnez ma foiblesse; & ne m'exposez point à plus que je n'ai résolu.

SCENE VIII.
ERIPHILE, CLEONICE.

CLEONICE.

Madame, je vous vois l'esprit tout chagrin; vous plaît-il que vos danseurs, qui expriment si bien toutes les passions, vous donnent maintenant quelque preuve de leur adresse?

ERIPHILE.

Oui, Cléonice. Qu'ils fassent tout ce qu'ils voudront, pourvu qu'ils me laissent à mes pensées.

Fin du quatrieme Acte.

V. INTERMEDE.

ENTRÉE DE BALLET.

Quatre Pantomimes ajustent leurs gestes & leurs pas aux inquiétudes de la Princesse.

Fin du cinquieme Intermede.

ACTE V.

SCENE PREMIERE.
ERIPHILE, CLITIDAS.

CLITIDAS *faisant semblant de ne point voir Eriphile.*

DE quel côté porter mes pas ? où m'aviserai-je d'aller ? Et en quel lieu puis-je croire que je trouverai maintenant la Princesse Eriphile ? ce n'est pas un petit avantage que d'être le premier à porter une nouvelle. Ah ! la voilà. Madame, je vous annonce que le Ciel vient de vous donner l'époux qu'il vous destinoit.

ERIPHILE.
Hé, laisse-moi, Clitidas, dans ma sombre mélancolie.

CLITIDAS.
Madame, je vous demande pardon. Je pensois faire bien de vous venir dire que le Ciel vient de vous donner Sostrate pour époux ; mais, puisque cela vous incommode, je rangaîne ma nouvelle, & m'en retourne droit comme je suis venu.

ERIPHILE.
Clitidas, holà, Clitidas.

CLITIDAS.
Je vous laisse, Madame, dans votre sombre mélancolie.

ERIPHILE.
Arrête, te dis-je, approche. Que viens-tu me dire ?

CLITIDAS.
Rien, Madame. On a parfois des empressemens de

venir dire aux Grands de certaines choses, dont ils ne se soucient pas; & je vous prie de m'excuser.
ERIPHILE.
Que tu es cruel.
CLITIDAS.
Une autrefois j'aurai la discrétion de ne vous pas venir interrompre.
ERIPHILE.
Ne me tiens point dans l'inquiétude. Qu'est-ce que tu viens m'annoncer.
CLITIDAS.
C'est une bagatelle de Sostrate, Madame, que je vous dirai une autrefois, quand vous ne serez point embarassée.
ERIPHILE.
Ne me fais point languir davantage, te dis-je; & m'apprends cette nouvelle.
CLITIDAS.
Vous la voulez sçavoir, Madame?
ERIPHILE.
Oui, dépêche. Qu'as-tu à me dire de Sostrate?
CLITIDAS.
Une aventure merveilleuse, où personne ne s'attendoit.
ERIPHILE.
Dis-moi vîte ce que c'est.
CLITIDAS.
Cela ne troublera-t-il point, Madame, votre sombre mélancolie?
ERIPHILE.
Ah! parle promptement.
CLITIDAS.
J'ai donc à vous dire, Madame, que la Princesse votre mere passoit presque seule dans la forêt, par ces petites routes qui sont si agréables, lorsqu'un sanglier hideux, ces vilains sangliers-là font toujours du désordre, & l'on devroit les bannir des forêts bien policées; lors, dis-je, qu'un sanglier hideux, poussé, je crois, par des chasseurs, est venu tra-

COMEDIE. 141

verser la route où nous étions. Je devrois vous faire peut-être, pour orner mon recit, une description étendue du sanglier dont je parle; mais vous vous en passerez, s'il vous plaît, & je me contenterai de vous dire que c'étoit un fort vilain animal. Il passoit son chemin, & il étoit bon de ne lui rien dire, de ne point chercher de noise avec lui; mais la Princesse a voulu égayer sa dextérité, & de son dard qu'elle lui a lancé un peu mal-à-propos, ne lui en déplaise, lui a fait au-dessus de l'oreille une assez petite blessure. Le sanglier mal originé, s'est impertinemment détourné contre nous; nous étions-là deux ou trois misérables, qui avons pâli de frayeur; chacun gagnoit son arbre, & la Princesse sans défense, demeuroit exposée à la furie de la bête, lorsque Sostrate a paru, comme si les Dieux l'eussent envoyé.

ERIPHILE.
Hé bien, Clitidas.

CLITIDAS.
Si mon recit vous ennuie, Madame, je remettrai le reste à une autrefois.

ERIPHILE.
Acheve promptement.

CLITIDAS.
Ma foi, c'est promptement de vrai que j'achevrai; car un peu de poltronnerie m'a empêché de voir tout le détail de ce combat; & tout ce que je puis vous dire, c'est que retournant sur la place, nous avons vu le sanglier mort, tout veautré dans son sang; & la Princesse pleine de joie, nommant Sostrate son libérateur, & l'époux digne & fortuné que les Dieux lui marquoient pour vous. A ces paroles, j'ai cru que j'en avois assez entendu; & je me suis hâté de vous en venir, avant tous, apporter la nouvelle.

ERIPHILE.
Ah! Clitidas, pouvois-tu m'en donner une qui me pût être plus agréable?

CLITIDAS.
Voilà qu'on vient vous trouver.

SCENE II.
ARISTIONE, SOSTRATE, ERIPHILE, CLITIDAS.

ARISTIONE.

Je vois ma fille, que vous sçavez déjà tout ce que nous pourrions vous dire. Vous voyez que les Dieux se font expliqués bien plutôt que nous n'eussions pensé ; mon péril n'a guere tardé à nous marquer leurs volontés ; & l'on connoît assez que ce sont eux qui se sont mêlés de ce choix ; puisque le mérite tout seul brille dans cette préférence. Aurez vous quelque répugnance à récompenser de votre cœur celui à qui je dois la vie, & refuserez-vous Sostrate pour époux.

ERIPHILE.
Et de la main des Dieux, & de la vôtre, Madame, je ne puis rien recevoir qui ne me soit fort agréable.

SOSTRATE.
Ciel ! n'est-ce point ici quelque songe tout plein de gloire, dont les Dieux me veulent flatter ? & quelque réveil malheureux ne me replongera-t-il point dans la bassesse de ma fortune ?

COMEDIE. 143

SCENE III.
ARISTIONE, ERIPHILE, SOSTRATE, CLEONICE, CLITIDAS.

CLEONICE.

Madame, je viens vous dire qu'Anaxarque a jusqu'ici abusé l'un & l'autre Prince, par l'espérance de ce choix qu'ils poursuivent depuis long-tems ; & qu'au bruit qui s'est répandu de votre aventure, ils ont fait éclater tous deux leur ressentiment contre lui, jusques-là que, de paroles en paroles, les choses se sont échauffées, & il en a reçu quelques blessures, dont on ne sçait pas bien ce qui arrivera. Mais les voici.

SCENE DERNIERE.
ARISTIONE, ERIPHILE, IPHICRATE, TIMOCLES, SOSTRATE, CLEONICE, CLITIDAS.

ARISTIONE.

Princes, vous agissez tous deux avec une violence bien grande ; &, si Anaxarque a pu vous offenser, j'étois pour vous en faire justice moi-même.

IPHICRATE.

Et quelle justice, Madame, auriez-vous pu nous faire de lui, si vous la faites si peu à notre rang dans le choix que vous embrassez ?

ARISTIONE.

Ne vous êtes-vous pas soumis l'un & l'autre à ce que pourroient décider, ou les ordres du Ciel, ou l'inclination de ma fille ?

TIMOCLES.

Oui, Madame, nous nous sommes soumis à ce qu'ils pourroient décider, entre le Prince Iphicrate, & moi; mais non pas à nous voir rebutés tous deux.

ARISTIONE.

Et si chacun de vous a bien pû se résoudre à souffrir une préférence; que vous arrive-t-il à tous deux, où vous ne soyez préparés ? Et que peuvent importer, à l'un & à l'autre, les intérêts de son rival ?

IPHICRATE.

Oui, Madame, il importe. C'est quelque consolation de se voir préférer un homme qui vous est égal; & votre aveuglement est une chose épouvantable.

ARISTIONE.

Prince, je ne veux pas me brouiller avec une personne qui m'a fait tant de grace, que de me dire des douceurs; & je vous prie, avec toute l'honnêteté qu'il m'est possible, de donner à votre chagrin un fondement plus raisonnable, de vous souvenir, s'il vous plaît, que Sostrate est revêtu d'un mérite qui s'est fait connoître à toute la Grece; & que le rang où le Ciel l'éleve aujourd'hui, va remplir toute la distance qui étoit entre lui & vous.

IPHICRATE.

Oui, oui, Madame, nous nous en souviendrons. Mais peut-être aussi vous souviendrez-vous que deux Princes outragés ne sont pas deux ennemis peu redoutables.

TIMOCLES.

Peut-être, Madame, qu'on ne goûtera pas long-tems la joie du mépris que l'on fait de nous.

ARISTIONE.

Je pardonne toutes ces menaces aux chagrins d'un amour qui se croit offensé; & nous n'en verrons pas, avec moins de tranquillité, la fête des jeux Pythiens. Allons-y de ce pas; & couronnons, par ce pompeux spectacle, cette merveilleuse journée.

Fin du cinquieme Acte.

VI. INTERMEDE.

VI. INTERMEDE.

FÊTES DES JEUX PYTHIENS.

Le Théatre représente une grande salle en maniere d'Amphithéatre, avec une grande arcade dans le fond au-dessus de laquelle est une Tribune fermée d'un rideau. Dans l'éloignement paroît un Autel pour le Sacrifice. Six Ministres du Sacrifice, habillés comme s'ils étoient presque nuds, portant chacun une hache sur l'épaule, entrent par le portique au son des violons. Ils sont suivis de deux Sacrificateurs, & de la Prêtresse.

SCENE PREMIERE.

LA PRÊTRESSE, SACRIFICATEURS, MINISTRES DU SACRIFICE, CHŒUR DE PEUPLES.

LA PRÊTRESSE.

Chantez, peuples, chantez, en mille & mille lieux,
Du Dieu que nous servons les brillantes merveilles,
 Parcourez la terre & les Cieux.
Vous ne sçauriez chanter rien de plus précieux,
 Rien de plus doux pour les oreilles.

1. SACRIFICATEUR.

A ce Dieu plein de force, à ce Dieu plein d'appas,
 Il n'est rien qui résiste.

2. SACRIFICATEUR.

 Il n'est rien ici bas
Qui, par ses bienfaits ne subsiste.

Tome VI.   G

146 LES AMANS MAGNIFIQUES,
LA PRETRESSE.
Toute la terre est triste,
Quand on ne le voit pas.
CHŒUR.
Poussons à sa mémoire
Des concerts si touchans,
Que, du haut de sa gloire,
Il écoute nos chants.

PREMIERE ENTRÉE DE BALLET.

Les six Ministres du sacrifice portant des haches, font entr'eux une danse ornée de toutes les attitudes que peuvent exprimer des gens qui étudient leurs forces ; après quoi ils se retirent aux deux côtés du Théatre.

SCENE II.
LA PRETRESSE, SACRIFICATEURS, MINISTRES DU SACRIFICE, VOLTIGEURS, CHŒUR DE PEUPLES.

II. ENTRÉE DE BALLET.

Six voltigeurs font paroître, en cadence, leur adresse sur des chevaux de bois, qui sont apportés par des esclaves.

COMÉDIE.

SCENE III.

LA PRETRESSE, SACRIFICATEURS, MINISTRES DU SACRIFICE, ESCLAVES, CONDUCTEURS D'ESCLAVES, CHOEUR DE PEUPLES.

III. ENTRÉE DE BALLET.

Quatre conducteurs d'esclaves amenent en cadence huit esclaves, qui dansent pour marquer la joie qu'ils ont d'avoir recouvré leur liberté.

SCENE IV.

LA PRETRESSE, SACRIFICATEURS, MINISTRES DU SACRIFICE, HOMMES & FEMMES *armés à la Grecque*, CHOEUR DE PEUPLES.

IV. ENTRÉE DE BALLET.

Quatre hommes armés à la Grecque avec des tambours, & quatre femmes armées à la Grecque avec des timbres, font ensemble une maniere de jeu pour les armes.

SCENE V.

LA PRETRESSE, SACRIFICATEURS, MINISTRES DU SACRIFICE, HOMMES & FEMMES armés à la Grecque, UN HERAUT, TROMPETTES, UN TIMBALIER, CHŒUR DE PEUPLES.

La tribune s'ouvre. Un héraut, six trompettes, & un timbalier se mêlant à tous les instrumens, annoncent la venue d'Apollon.

CHŒUR.

Ouvrons tous nos yeux
A l'éclat suprême
Qui brille en ces lieux.

SCENE VI.

APOLLON, SUIVANS D'APOLLON, LA PRETRESSE, SACRIFICATEURS, MINISTRES DU SACRIFICE, HOMMES & FEMMES armés à la Grecque, UN HERAUT, TROMPETTES, UN TIMBALIER, CHŒUR DE PEUPLES.

Apollon au bruit des trompettes & des violons, entre par le portique, précédé de six jeunes gens qui portent des lauriers entrelassés autour d'un bâton, & un soleil d'or au-dessus, avec la devise royale en manière de trophée.

CHŒUR.

Quelle grace extrême !
Quel port glorieux !
Où voit-on des Dieux
Qui soient faits de même ?

COMÉDIE.

V. ENTRÉE DE BALLET.

Les suivans d'Apollon donnent leur trophée à tenir aux six Ministres du Sacrifice qui portent les haches, & commencent avec Apollon une danse héroïque.

VI. ET DERNIERE ENTRÉE DE BALLET.

Les six Ministres du Sacrifice portant les haches & les trophées, & les quatre hommes & les quatre femmes armées à la Grecque, se joignent en diverses manieres à la danse d'Apollon & de ses suivans, tandis que la Prêtresse, les Sacrificateurs, & le Chœur des peuples y mêlent leurs chants à diverses reprises, au son des timbales & des trompettes.

Vers pour LE ROI *représentant Apollon.*

JE suis la source des clartés ;
Et les astres les plus vantés,
Dont le beau cercle m'environne,
Ne sont brillans & respectés,
Que par l'éclat que je leur donne.
Du char où je me puis asseoir,
Je vois le desir de me voir
Posséder la nature entiere ;
Et le monde n'a son espoir
Qu'aux seuls bienfaits de ma lumiere.
Bienheureuses de toutes parts,
Et pleines d'exquises richesses
Les terres où, de mes regards,
J'arrête les douces caresses.

Pour Monsieur LE GRAND, *suivant d'Apollon.*

Bien qu'auprès du soleil tout autre éclat s'efface,
S'en éloigner pourtant n'est pas ce que l'on veut ;
Et vous voyez bien, quoi qu'il fasse,
Que l'on s'en tient toujours le plus près que l'on peut.

LES AMANS MAGNIFIQUES,

Pour le Marquis DE VILLEROI, *suivant d'Apollon.*

De notre maître incomparable
Vous me voyez inséparable ;
Et le zèle puissant qui m'attache à ses vœux,
Le suit parmi les eaux, le suit parmi les feux.

Pour le Marquis DE RASSENT, *suivant d'Apollon.*

Je ne serai pas vain, quand je ne croirai pas
Qu'un autre, mieux que moi, suive par-tout ses pas.

F I N.

NOMS DES PERSONNES QUI ONT chanté, & dansé dans les Intermedes des Amans Magnifiques, *Comédie-Ballet.*

DANS LE PREMIER INTERMEDE.

Eole, *le sieur Estival.* Tritons chantans, *les sieurs le Gros, Hédouin, Don, Gingan l'aîné, Gingan le cadet, Fernon le cadet, Rebel, Langeais, Deschamps, Morel, & deux Pages de la musique de la Chapelle.* Fleuves chantans, *les sieurs Beaumont, Fernon l'aîné, Noblet, Serignan, David, Aurat, Devellois, Gillet.* Amours chantans, *quatre Pages de la musique de la Chambre.* Pêcheurs de corail dansans, *les sieurs Jouan, Chicanneau, Pesan l'aîné, Magni, Joubert, Mayeu, la Montagne, Lestang.* Neptune, LE ROI. Dieux marins, *Monsieur le Grand, le Marquis de Villeroi, le Marquis de Rassent, les sieurs Beauchamp, Favier, la Pierre.*

DANS LE II. INTERMEDE.

Pantomimes dansans, *les sieurs Beauchamp, Saint André, & Favier.*

DANS LE III. INTERMEDE.

La Nymphe de la Vallée de Tempé, *Mademoiselle*

COMEDIE

des Fronteaux. Tircis, *le sieur Gaye.* Caliste, *Mademoiselle Hilaire.* Licaste, *le sieur Langeais.* Ménandre, *le sieur Fernon le cadet.* Deux Satyres, *les sieurs Estival & Morel.* Dryades dansantes, *les sieurs Arnal, Noblet, Lestang, Favier le cadet, Foignard l'aîné & Isaac.* Faunes dansans, *les sieurs Beauchamp, Saint André, Magny, Joubert, Favier l'aîné & Mayeu.* Philinte, *le sieur Blondel.* Climene, *Mademoiselle de saint Christophe.* Petites Dryades dansantes, *les sieurs Bouilland, Vaignard & Thibauld.* Petits Faunes dansans, *les sieurs la Montagne, Daluseau & Foignard.*

DANS LE IV. INTERMEDE.

Statues dansantes, *les sieurs Dolivet, le Chantre, saint André, Magny, Lestang, Foignard l'aîné, Dolivet fils, & Foignard le cadet.*

DANS LE V. INTERMEDE.

Pantomimes dansans, *les sieurs Dolivet, le Chantre, saint André, Magny.*

DANS LE VI. INTERMEDE.

FESTE DES JEUX PYTHIENS.

La Prêtresse, *Mademoiselle Hilaire.* Premier Sacrificateur, *le sieur Gaye.* Second Sacrificateur, *le sieur Langeais.* Ministre du Sacrifice portant des haches, dansans, *les sieurs Dolivet, le Chantre, saint André, Magny, Foignard l'aîné & Foignard le cadet.* Voltigeurs, *les sieurs Joly, Doyat, de Launoy, Beaumont, du Gard l'aîné, & du Gard le cadet.* Conducteurs d'esclaves dansans, *les sieurs le Prestre, Joüan, Pezan l'aîné & Joubert.* Esclaves dansans, *les sieurs Paysan, la Vallée, Pezan le*

152 LES AMANS MAGNIFIQUES,

cadet, Favre, Vaignard, Dolivet fils, Girard & Charpentier. Hommes armés à la Grecque, dansans, les sieurs Noblet, Chicanneau, Mayeu & Desgranges. Femmes armées à la Grecque, dansantes, les sieurs la Montagne, Lestang, Favier le cadet, & Arnald. Un Héraut, le sieur Rebel. Trompettes, les sieurs la Plaine, Lorange du Clos, Beaupré, Carbonnet & Ferrier. Timballier, le sieur Diacre. Apollon, LE ROI. Suivans d'Apollon, dansans, Monsieur le Grand, le Marquis de Villeroi, le Marquis de Rassent, les sieurs Beauchamp, Raynal, & Favier. Chœur de peuples chantans, les sieurs...

FIN.

LE BOURGEOIS

GENTILHOMME,

COMÉDIE-BALLET.

ACTEURS.

ACTEURS DE LA COMEDIE.

MONSIEUR JOURDAIN, Bourgeois.
MADAME JOURDAIN.
LUCILE, Fille de Monsieur Jourdain.
CLEONTE, Amant de Lucile.
DORIMENE, Marquise.
DORANTE, Comte, Amant, de Dorimene.
NICOLE, Servante de Monsieur Jourdain.
COVIELLE, Valet de Cléonte.
UN MAISTRE DE MUSIQUE.
UN ELEVE DU MAISTRE DE MUSIQUE.
UN MAISTRE A DANSER.
UN MAISTRE D'ARMES.
UN MAISTRE DE PHILOSOPHIE.
UN MAISTRE TAILLEUR.
UN GARÇON TAILLEUR.
DEUX LAQUAIS.

ACTEURS DU BALLET.

Dans le Premier Acte.

UNE MUSICIENNE.
DEUX MUSICIENS.
DANSEURS.

Dans le II. Acte.

GARÇONS TAILLEURS dansans.

Dans le III. Acte.

CUISINIERS dansans.

Dans le IV. Acte.

CÉRÉMONIE TURQUE.

LE MUFTI.
TURCS assistans du Mufti, chantans.
DERVIS chantans.
TURCS dansans.

Dans le V. Acte.

BALLET DES NATIONS.

UN DONNEUR DE LIVRES dansant.
IMPORTUNS dansans.
TROUPE DE SPECTATEURS chantans.
  1. HOMME du bel air.
  2. HOMME du bel air.
  1. FEMME du bel air.
  2. FEMME du bel air.
  1. GASCON.
  2. GASCON.
UN SUISSE.
UN VIEUX BOURGEOIS babillard.
UNE VIELLE BOURGEOISE babillarde.
ESPAGNOLS chantans.
ESPAGNOLS dansans.
UNE ITALIENNE.
UN ITALIEN.
DEUX SCARAMOUCHES.
DEUX TRIVELINS.
ARLEQUIN.
DEUX POITEVINS chantans & dansans.
POITEVINS & POITEVINES dansans.

La Scene est à Paris dans la Maison de Monsieur Jourdain.

LE BOURGEOIS GENTILHOMME

LE BOURGEOIS GENTILHOMME,
COMEDIE-BALLET.

ACTE PREMIER.

SCENE PREMIERE.

UN MAISTRE DE MUSIQUE, UN ELEVE *du Maitre de Musique*, *composant sur une table qui est au milieu du Theatre*, UNE MUSICIENNE, DEUX MUSICIENS, UN MAISTRE A DANSER, DANSEURS.

LE MAISTRE DE MUSIQUE *aux Musiciens*.

ENEZ, entrez dans cette salle, & vous reposez-là, en attendant qu'il vienne.

LE MAISTRE A DANSER, *aux Danseurs*.

Et vous aussi, de ce côté.

LE BOURG GENTILHOMME.

LE MAITRE DE MUSIQUE à son Eleve.
Est-ce fait.

L'ELEVE.
Oui.

LE MAITRE DE MUSIQUE.
Voyons... Voilà qui est bien.

LE MAITRE A DANSER.
Est-ce quelque chose de nouveau ?

LE MAITRE DE MUSIQUE.
Oui. C'est un air pour une sérénade, que je lui ai fait composer ici en attendant que nôtre homme fut éveillé.

LE MAITRE A DANSER.
Peut-on voir ce que c'est.

LE MAITRE DE MUSIQUE.
Vous l'allez entendre, avec le dialogue quand il viendra. Il ne tardera guére.

LE MAITRE A DANSER.
Nos occupations, à vous & à moi, ne sont pas petites maintenant.

LE MAITRE DE MUSIQUE.
Il est vrai. Nous avons trouvé ici un homme comme il nous le faut à tous deux. Ce nous est une douce rente que ce Monsieur Iourdain, avec les visions de noblesse & de galanterie, qu'il est allé se mettre en tête. Et vôtre danse, & ma Musique auroient à souhaiter que tout le monde lui ressemblât.

LE MAITRE A DANSER.
Non pas entierement ; & je voudrois pour lui qu'il se connût mieux qu'il ne fait aux choses que nous lui donnons.

LE MAITRE DE MUSIQUE.
Il est vrai vrai qu'il les connoît mal, mais il les payr bien ; & c'est de quoi maintenant nos arts ont plus besoin que de toute autre chose.

LE MAITRE A DANSER.
Pour moi, je vous l'avoue, je me repais un peu de gloire. Les applaudissemens me touchent ; & je tiens

COMEDIE.

que, dans tous les beaux arts, c'est un supplice assez fâcheux que de se produire à des sots, que d'essuyer sur des compositions, la barbarie d'un stupide. Il y a plaisir, ne m'en parlez point, à travailler pour des personnes qui soient capables de sentir les délicatesses d'un art; qui sçachent faire un doux accueil aux beautés d'un ouvrage, & par de chatouillantes approbations, vous régaler de votre travail. Oui, la récompense la plus agréable qu'on puisse recevoir des choses que l'on fait, c'est de les voir connues, de les voir caressées d'un applaudissement qui vous honore. Il n'y a rien, à mon avis, qui nous paie mieux que cela de toutes nos fatigues; & ce sont des douceurs exquises que des louanges éclairées.

LE MAITRE DE MUSIQUE.

J'en demeure d'accord; & je le goûte comme vous. Il n'y a rien assurément qui chatouille davantage, que les applaudissemens que vous dites; mais cet encens ne fait pas vivre. Des louanges toutes pures ne mettent point un homme à son aise. Il y faut mêler du solide, & la meilleure façon de louer, c'est de louer avec les mains. C'est un homme à la vérité, dont les lumieres sont petites, qui parle à tort & à travers de toutes choses, & n'applaudit qu'à contre-sens; mais son argent redresse les jugemens de son esprit. Il a du discernement dans sa bourse. Ses louanges sont monnoyées; & ce bourgeois ignorant nous vaut mieux, comme vous voyez, que le grand Seigneur éclairé qui nous introduit ici.

LE MAITRE A DANSER.

Il y a quelque chose de vrai dans ce que vous dites, mais je trouve que vous appuyez un peu trop sur l'argent; & l'intérêt est quelque chose de si bas, qu'il ne faut jamais qu'un honnête-homme montre pour lui de l'attachement.

160 LE BOURG. GENTILHOMME,
LE MAISTRE DE MUSIQUE.
Vous recevez fort bien pourtant l'argent que notre homme vous donne.
LE MAISTRE A DANSER.
Assurément. Mais je n'en fais pas tout mon bonheur, & je voudrois qu'avec son bien, il eût encore quelque bon goût des choses.
LE MAISTRE DE MUSIQUE.
Je le voudrois aussi ; & c'est à quoi nous travaillons tous deux autant que nous pouvons. Mais, en tout cas, il nous donne moyen de nous faire connoître dans le monde ; & il payera pour tous les autres, ce que les autres loueront pour lui.
LE MAISTRE A DANSER.
Le voilà qui vient.

SCENE II.

M. JOURDAIN, *en robe de chambre, & en bonnet de nuit,* **LE MAISTRE DE MUSIQUE, LE MAISTRE A DANSER, L'ELEVE** *du Maître de Musique,* **UNE MUSICIENNE, DEUX MUSICIENS, DANSEURS, DEUX LAQUAIS.**

M. JOURDAIN

É bien, Messieurs ? qu'est-ce ? Me ferez-vous votre petite drôlerie ?
LE MAISTRE A DANSER.
Comment ? quelle petite drôlerie ;
M. JOURDAIN.
Hé... là.... Comment appellez-vous cela ? Votre prologue ou dialogue de chansons & de danse.

COMEDIE.
LE MAITRE A DANSER.
Ah, ah !
LE MAITRE DE MUSIQUE.
Vous nous y voyez préparés.
M. JOURDAIN.
Je vous ai fait un peu attendre, mais c'eſt que je me fais habiller aujourd'hui comme les gens de qualité ; & mon tailleur m'a envoyé des bas de ſoie que j'ai penſé ne mettre jamais.
LE MAITRE DE MUSIQUE.
Nous ne ſommes ici que pour attendre votre loiſir.
M. JOURDAIN.
Je vous prie tous deux de ne vous point en aller, qu'on ne m'ait apporté mon habit, afin que vous me puiſſiez voir.
LE MAITRE A DANSER.
Tout ce qu'il vous plaira.
M. JOURDAIN.
Vous me verrez équipé comme il faut, depuis les pieds juſqu'à la tête.
LE MAITRE DE MUSIQUE.
Nous n'en doutons point.
M. JOURDAIN.
Je me ſuis fait faire cette indienne-ci.
LE MAITRE A DANSER.
Elle eſt fort belle.
M. JOURDAIN.
Mon tailleur m'a dit que les gens de qualité étoient comme cela le matin.
LE MAITRE DE MUSIQUE.
Cela vous ſied à merveille.
M. JOURDAIN.
Laquais, hola, mes deux Laquais.
I. LAQUAIS.
Que voulez-vous, Monſieur ?
M. JOURDAIN.
Rien. C'eſt pour voir ſi vous m'entendez bien.

(*Au Maître de musique, & au Maître à danser.*)
Que dites-vous de mes livrées ?

LE MAITRE A DANSER.
Elles sont magnifiques.

M. JOURDAIN *entr'ouvrant sa robe, & faisant voir son haut-de-chausse de velours rouge, & sa camisole de velours verd.*
Voici encore un petit deshabillé pour faire le matin mes exercices.

LE MAITRE DE MUSIQUE.
Il est galant.

M. JOURDAIN.
Laquais.

1. LAQUAIS.
Monsieur.

M. JOURDAIN.
L'autre Laquais.

2. LAQUAIS.
Monsieur.

M. JOURDAIN *ôtant sa robe de chambre.*
Tenez ma robe.
(*Au Maître de musique, & au Maître à danser.*)
Me trouvez-vous bien comme cela ?

LE MAITRE A DANSER.
Fort bien. On ne peut pas mieux.

M. JOURDAIN.
Voyons un peu votre affaire.

LE MAITRE DE MUSIQUE.
Je voudrois bien auparavant vous faire entendre un
(*Montrant son Eléve.*)
air qu'il vient de composer pour la sérénade que vous m'avez demandée. C'est un de mes Ecoliers, qui a pour ces sortes de choses un talent admirable.

M. JOURDAIN.
Oui ; mais il ne falloit pas faire faire cela par un Ecolier ; & vous n'étiez pas trop bon vous-même pour cette besogne-là.

COMEDIE.

LE MAISTRE DE MUSIQUE.
Il ne faut pas, Monsieur, que le nom d'Ecolier vous abuse. Ces sortes d'Ecoliers en sçavent autant que les plus grands Maîtres; l'air est aussi beau qu'il s'en puisse faire. Ecoutez seulement.

M. JOURDAIN à ses Laquais.
Donnez-moi ma robe pour mieux entendre... Attendez, je crois que je serai mieux sans robe..... Non, redonnez-la moi, cela ira mieux.

LA MUSICIENNE.
Je languis nuit & jour, & mon mal est extrême,
Depuis qu'à vos rigueurs vos beaux yeux m'ont
    soumis;
Si vous traitez ainsi, belle Iris, qui vous aime,
Hélas ! Que pourriez-vous faire à vos ennemis ?

M. JOURDAIN.
Cette chanson me semble un peu lugubre, elle endort; je voudrois que vous la pûssiez un peu ragaillardir par-ci, par-là.

LE MAISTRE DE MUSIQUE.
Il faut, Monsieur, que l'air soit accommodé aux paroles.

M. JOURDAIN.
On m'en apprit un tout-à-fait joli il y a quelque tems. Attendez.... Là.... Comment est-ce qu'il dit ?

LE MAISTRE A DANSER.
Par ma foi, je ne sçais.

M. JOURDAIN.
Il y a du mouton dedans.

LE MAISTRE A DANSER.
Du mouton ?

M. JOURDAIN.
Oui. Ah !   (*Il chante.*)
Je croyois Janneton
Aussi douce que belle ?
Je croyois Janneton
Plus douce qu'un mouton.
  Hélas ! hélas !

Elle est cent fois, mille fois plus cruelle,
Que n'est le tigre aux bois.

N'est-il pas joli ?

LE MAISTRE DE MUSIQUE.

Le plus joli du monde.

LE MAISTRE A DANSER.

Et vous le chantez bien.

M. JOURDAIN.

C'est sans avoir appris la musique.

LE MAISTRE DE MUSIQUE.

Vous devriez l'apprendre, Monsieur, comme vous faites la danse. Ce sont deux arts qui ont une étroite liaison ensemble.

LE MAISTRE A DANSER.

Et qui ouvrent l'esprit d'un homme aux belles choses.

M. JOURDAIN.

Est-ce que les gens de qualité apprennent aussi la musique ?

LE MAISTRE DE MUSIQUE.

Oui, Monsieur.

M. JOURDAIN.

Je l'apprendrai donc. Mais je ne sçais quel tems je pourrai prendre ; car outre le Maître d'armes qui me montre, j'ai arrêté encore un Maître de Philosophie qui doit commencer ce matin.

LE MAISTRE DE MUSIQUE.

La philosophie est quelque chose ; mais la musique, Monsieur, la musique....

LE MAISTRE A DANSER.

La musique & la danse... La musique & la danse, c'est-là tout ce qu'il faut.

LE MAISTRE DE MUSIQUE.

Il n'y a rien qui soit si utile dans un état que la musique.

LE MAISTRE A DANSER.

Il n'y a rien qui ne soit si nécessaire aux hommes, que la danse.

COMEDIE. 165
LE MAISTRE DE MUSIQUE.
Sans la musique, un Etat ne peut subsister.
LE MAISTRE A DANSER.
Sans la danse, un homme ne sçauroit rien faire.
LE MAISTRE DE MUSIQUE.
Tous les désordres, toutes les guerres qu'on voit dans le monde, n'arrivent que pour n'aprendre pas la musique.
LE MAISTRE A DANSER.
Tous les malheurs des hommes, tous les revers funestes dont les histoires sont remplies, les bévues des politiques, les manquemens des grands capitaines, tout cela n'est venu que faute de sçavoir danser.
M. JOURDAIN.
Comment cela ?
LE MAISTRE DE MUSIQUE.
La guerre ne vient-elle pas d'un marque d'union entre les hommes ?
M. JOURDAIN.
Cela est vrai.
LE MAISTRE DE MUSIQUE.
Et si tous les hommes aprenoient la musique, ne seroit-ce pas le moyen de s'accorder ensemble, & de voir dans le monde la paix universelle ?
M. JOURDAIN.
Vous avez raison.
LE MAISTRE A DANSER.
Lorsqu'un homme a commis un manquement dans sa conduite, soit aux affaires de sa famille, ou au gouvernement d'un Etat, ou au commandement d'une armée, ne dit-on pas toujours, un tel a fait un mauvais pas dans une telle affaire ?
M. JOURDAIN.
Oui, on dit cela.
LE MAISTRE A DANSER.
Et faire un mauvais pas, peut-il procéder d'autre chose que de ne sçavoir pas danser ?

LE BOURG. GENTILHOMME,

M. JOURDAIN.

Cela est vrai, & vous avez raison tous deux.

LE MAISTRE A DANSER.

C'est pour vous faire voir l'excellence & l'utilité de la danse & de la musique.

M. JOURDAIN.

Je comprends cela à cette heure.

LE MAISTRE DE MUSIQUE.

Voulez-vous voir nos deux affaires ?

M. JOURDAIN.

Oui.

LE MAISTRE DE MUSIQUE.

Je vous l'ai déjà dit, c'est un petit essai que j'ai fait autrefois des diverses passions que peut exprimer la musique.

M. JOURDAIN.

Fort bien.

LE MAISTRE DE MUSIQUE *aux Musiciens*.

Allons, avancez.

(*à M. Jourdain.*)

Il faut vous figurer qu'ils sont habillés en Bergers.

M. JOURDAIN.

Pourquoi toujours des Bergers ? On ne voit que cela par-tout.

LE MAISTRE A DANSER.

Lorsqu'on a des personnes à faire parler en musique, il faut bien que, pour la vraisemblance, on donne dans la bergerie. Le chant a été de tout tems affecté aux Bergers; & il n'est guére naturel, en Dialogue, que des Princes ou Bourgeois chantent leurs passions.

M. JOURDAIN.

Passe, passe. Voyons.

COMEDIE.

DIALOGUE EN MUSIQUE.

UNE MUSICIENNE, ET DEUX MUSICIENS.

LA MUSICIENNE.

Un cœur dans l'amoureux empire,
De mille soins est toujours agité,
On dit qu'avec plaisir on languit, on soupire;
Mais quoiqu'on puisse dire,
Il n'est rien de si doux que notre liberté.

1. MUSICIEN.

Il n'est rien de si doux que les tendres ardeurs,
Qui font vivre deux cœurs
Dans une même envie;
On ne peut être heureux sans amoureux desirs;
Otez l'amour de la vie,
Vous en ôtez les plaisirs.

2. MUSICIEN.

Il seroit doux d'entrer sous l'amoureuse loi,
Si l'on trouvoit en amour de la foi;
Mais, hélas! ô rigueur cruelle!
On ne voit point de bergere fidele;
Et ce sexe trompeur, trop indigne du jour,
Doit faire pour jamais renoncer à l'amour.

1. MUSICIEN.
Aimable ardeur!

LA MUSICIENNE.
Franchise heureuse!

2. MUSICIEN.
Sexe trompeur!

1. MUSICIEN.
Que tu m'es précieuse!

LA MUSICIENNE.
Que tu plais à mon cœur!

2. MUSICIEN.
Que tu me fais d'horreur!
1. MUSICIEN.
Ah! quitte, pour aimer, cette haine mortelle.
LA MUSICIENNE.
On peut, on peut te montrer
Une Bergere fidelle.
2. MUSICIEN.
Hélas! où la rencontrer?
LA MUSICIENNE.
Pour défendre notre gloire,
Je veux offrir mon cœur.
2. MUSICIEN.
Mais, Bergere, puis-je croire
Qu'il ne sera point trompeur.
LA MUSICIENNE.
Voyez, par expérience,
Qui des deux aimera mieux.
2. MUSICIEN.
Qui manquera de constance,
Le puissent perdre les Dieux.
TOUS TROIS ENSEMBLE.
A des ardeurs si belles
Laissons-nous enflammer;
Ah! qu'il est doux d'aimer,
Quand deux cœurs sont fidelles!
M. JOURDAIN.
Est-ce tout?
LE MAISTRE DE MUSIQUE.
Oui.
M. JOURDAIN.
Je trouve cela bien troussé; & il y a là-dedans de petits dictons assez jolis.
LE MAISTRE A DANSER.
Voici pour mon affaire, un petit essai des plus beaux mouvemens, des plus belles attitudes dont une danse puisse être variée.
M. JOURDAIN.

COMEDIE.

M. JOURDAIN.
Sont-ce encore des Bergers?
LE MAITRE A DANSER.
C'est ce qu'il vous plaira. (*aux danseurs.*) Allons.

ENTRÉE DE BALLET.

Quatre danseurs exécutent tous les mouvemens différens, & toutes les sortes de pas que le maître à danser leur commande.

Fin du premier Acte.

ACTE II.

SCENE PREMIERE.
M. JOURDAIN, LE MAITRE DE MUSIQUE, LE MAITRE A DANSER.

M. JOURDAIN.

Voila qui n'est point sot, & ces gens-là se trémoussent bien.

LE MAITRE DE MUSIQUE.
Lorsque la danse sera mêlée avec la musique, cela fera plus d'effet encore ; & vous verrez quelque chose de galant dans le petit ballet que nous avons ajusté pour vous.

M. JOURDAIN.
C'est pour tantôt au moins ; & la personne pour qui j'ai fait faire tout ce cela, me doit faire l'honneur de venir dîner céans.

LE MAITRE A DANSER.
Tout est prêt.

LE MAITRE DE MUSIQUE.
Au reste, Monsieur ; ce n'est pas assez, il faut qu'une personne comme vous, qui êtes magnifique, & qui avez de l'inclination pour les belles choses ait un concert de musique chez soi tous les mercredis ou tous les jeudis.

M. JOURDAIN.
Est-ce que les gens de qualité en ont ?

LE MAITRE DE MUSIQUE.
Oui, Monsieur.

COMEDIE.

M. JOURDAIN.
J'en aurai donc. Cela est-il beau ?

LE MAITRE DE MUSIQUE.
Sans doute. Il vous faudra trois voix, un dessus, une haute-contre, & une basse, qui seront accompagnées d'une basse de viole, d'un théorbe, d'un clavessin pour les basses continues, avec deux dessus de violon pour jouer les ritournelles.

M. JOURDAIN.
Il y faudra mettre aussi une trompette marine. La trompette marine est un instrument qui me plaît, & qui est harmonieux.

LE MAITRE DE MUSIQUE.
Laissez-nous gouverner les choses.

M. JOURDAIN.
Au moins n'oubliez pas tantôt de m'envoyer des musiciens pour chanter à table.

LE MAITRE DE MUSIQUE.
Vous aurez tout ce qu'il vous faut.

M. JOURDAIN.
Mais, sur-tout, que le ballet soit beau.

LE MAITRE DE MUSIQUE.
Vous en serez content ; &, entr'autres choses, de certains menuets que vous y verrez.

M. JOURDAIN.
Ah ! Les menuets sont ma danse, & je veux que vous me le voyiez danser. Allons, mon maître.

LE MAITRE A DANSER.
Un chapeau, Monsieur, s'il vous plaît.

(*M. Jourdain va prendre le chapeau de son laquais, & le met par-dessus son bonnet de nuit. Son maître lui prend les mains & le fait danser sur un air de menuet qu'il chante.*)

La, la, la, la, la, la,
La, la, la, la, la, la, la ;
La, la, la, la, la, la ;
La, la, la, la, la, la,
La, la, la, la, la. En

LE BOURG. GENTILHOMME,

cadence, s'il vous plaît. La,
La, la, la. La jambe droite, la, la, la.
Ne remuez point tant les épaules.
La, la, la, la, la, la, la la, la, la.
Vos deux bras sont estropiés.
La, la, la, la, la. Hauffez la tête.
Tournez la pointe du pied en dehors.
La, la, la. Dreffez votre corps.

M. JOURDAIN.

Hé?

LE MAITRE DE MUSIQUE.

Voilà qui est le mieux du monde.

M. JOURDAIN.

A propos. Apprenez-moi comme il faut faire une révérence pour faluer une Marquife ; j'en aurai befoin tantôt.

LE MAITRE A DANSER.

Une révérence pour faluer une Marquife?

M. JOURDAIN.

Oui. Une Marquife qui s'appelle Doriméne.

LE MAITRE A DANSER.

Donnez-moi la main.

M. JOURDAIN.

Non. Vous n'avez qu'à faire, je le retiendrai bien.

LE MAITRE A DANSER.

Si vous voulez la faluer avec beaucoup de refpect, il faut faire d'abord une révérence en arriere, puis marcher vers elle avec trois révérences en avant, & à la derniere vous baiffer jufqu'à fes genoux.

M. JOURDAIN.

Faites un peu. (*Après que le Maître à danser a fait les trois révérences.*) Bon.

✳

SCENE II.

M. JOURDAIN, LE MAITRE DE MUSIQUE, LE MAITRE A DANSER, UN LAQUAIS.

LE LAQUAIS.

Monsieur, voilà votre Maître d'armes qui est-là.

M. JOURDAIN.

Dis-lui qu'il entre ici pour me donner leçon. *(au Maître de Musique, & au Maître à danser.)* Je veux que vous me voyiez faire.

SCENE III.

M. JOURDAIN, UN MAITRE D'ARMES, LE MAITRE DE MUSIQUE, LE MAITRE A DANSER, UN LAQUAIS *tenant deux fleurets*.

LE MAITRE D'ARMES *après avoir pris les deux fleurets de la main du Laquais, & en avoir présenté un à M. Jourdain.*

Allons, Monsieur, la révérence. Votre corps droit. Un peu panché sur la cuisse gauche. Les jambes point tant écartées. Vos pieds sur une même ligne. Votre poignet à l'opposite de votre hanche. La pointe de votre épée vis-à-vis de votre épaule. Le bras pas tout-à-fait si étendu. La main gauche à la hauteur de l'œil. L'épaule gauche plus quarrée. La tête droite, le regard assuré. Avancez. Le

H 3

corps ferme. Touchez-moi l'épée de quarte, & achevez de même. Une, deux. Remettez-vous. Redoublez de pied ferme. Une, deux. Un saut en arriere. Quand vous portez la botte, Monsieur, il faut que l'épée parte la premiere, & que le corps soit bien effacé. Une, deux. Allons, touchez-moi l'épée de tierce, & achevez de même. Avancez. Le corps ferme. Avancez. Partez delà. Une, deux. Remettez-vous. Redoublez. Une, deux. Un saut en arriere. En garde, Monsieur, en garde.

(*Le Maître d'armes lui pousse deux ou trois bottes, en lui disant, en garde*)

M. JOURDAIN.
Hé?

LE MAITRE DE MUSIQUE.
Vous faites des merveilles.

LE MAITRE D'ARMES.
Je vous l'ai déjà dit ; tout le secret des armes ne consiste qu'en deux choses, à donner, & à ne point recevoir, &, comme je vous fis voir l'autre jour par raison démonstrative, il est impossible que vous receviez, si vous sçavez détourner l'épée de votre corps ; ce qui dépend seulement que d'un petit mouvement du poignet, ou en dedans ou en dehors.

M. JOURDAIN.
De cette façon donc un homme, sans avoir du cœur, est sûr de tuer son homme, & de n'être point tué ?

LE MAITRE D'ARMES.
Sans doute. N'en vîtes-vous pas la démonstration !

M. JOURDAIN.
Oui.

LE MAITRE D'ARMES.
Et c'est en quoi l'on voit de quelle considération nous autres, nous devons être dans un Etat ; & combien la science des armes l'emporte hautement sur toutes les autres sciences inutiles, comme la danse, la musique, la...

COMEDIE.

LE MAITRE A DANSER.
Tout beau, Monsieur le tireur d'armes. Ne parlez de la danse qu'avec respect.

LE MAITRE DE MUSIQUE.
Apprenez, je vous prie, à mieux traiter l'excellence de la musique.

LE MAITRE D'ARMES.
Vous êtes de plaisantes gens, de vouloir comparer vos sciences à la mienne.

LE MAITRE DE MUSIQUE.
Voyez un peu, l'homme d'importance !

LE MAITRE A DANSER.
Voilà un plaisant animal, avec son plastron.

LE MAITRE D'ARMES.
Mon petit Maître à danser, je vous ferois danser comme il faut. Et vous, mon petit Musicien, je vous ferois chanter de la belle maniere.

LE MAITRE A DANSER.
Monsieur le Batteur de fer, je vous apprendrai votre métier.

M. JOURDAIN *au Maître à danser.*
Etes-vous fou de l'aller quereller, lui qui entend la tierce & la quarte, & qui sçait tuer un homme par raison démonstrative ?

LE MAITRE A DANSER.
Je me moque de sa raison démonstrative, & de sa tierce & de sa quarte.

M. JOURDAIN *au Maître à danser.*
Tout doux, vous dis-je.

LE MAITRE D'ARMES *au Maître à danser.*
Comment ? Petit impertinent.

M. JOURDAIN.
Hé, mon Maître d'armes.

LE MAITRE A DANSER *au maître d'armes.*
Comment, grand cheval de carrosse ?

M. JOURDAIN.
Hé, mon Maître à danser.

LE MAITRE D'ARMES.
Si je me jette sur vous....
M. JOURDAIN *au Maître d'armes.*
Doucement.
LE MAITRE A DANSER.
Si je mets sur vous la main...
M. JOURDAIN *au Maître à danser.*
Tout beau.
LE MAITRE D'ARMES.
Je vous étrillerai d'un air...
M. JOURDAIN *au Maître d'armes.*
De grace.
LE MAITRE A DANSER.
Je vous rosserai d'une maniere...
M. JOURDAIN *au Maître à danser.*
Je vous prie.
LE MAITRE DE MUSIQUE.
Laissez-nous un peu lui apprendre à parler.
M. JOURDAIN *au Maître de Musique.*
Mon Dieu ! arrêtez-vous.

SCENE IV.

UN MAITRE DE PHILOSOPHIE, M. JOURDAIN, LE MAITRE DE MUSIQUE, LE MAITRE A DANSER, LE MAITRE D'ARMES, UN LAQUAIS.

M. JOURDAIN.

HOlà, Monsieur le Philosophe, vous arrivez tout à propos avec votre Philosophie. Venez un peu mettre la paix entre ces personnes-ci.
LE MAITRE DE PHILOSOPHIE.
Qu'est-ce donc ? Qu'y a-t-il, Messieurs ?

COMÉDIE.

M. JOURDAIN.
Ils se sont mis en colere pour la préférence de leurs Professions, jusqu'à se dire des injures, & en vouloir venir aux mains.

LE MAITRE DE PHILOSOPHIE.
Hé quoi, Messieurs, faut-il s'emporter de la sorte ? Et n'avez-vous point lu le docte Traité que Séneque a composé de la colere ? Y a-t-il rien de plus bas & de plus honteux que cette passion, qui fait d'un homme une bête féroce ? Et la raison ne doit-elle pas être maîtresse de tous nos mouvemens ?

LE MAITRE A DANSER.
Comment, Monsieur ? Il vient nous dire des injures à tous deux, en méprisant la danse que j'exerce, & la musique dont il fait profession.

LE MAITRE DE PHILOSOPHIE.
Un homme sage est au-dessus de toutes les injures qu'on lui peut dire ; & la grande réponse qu'on doit faire aux outrages, c'est la modération & la patience.

LE MAITRE D'ARMES.
Ils ont tous deux l'audace de vouloir comparer leurs Professions à la mienne.

LE MAITRE DE PHILOSOPHIE.
Faut-il que cela vous émeuve ? Ce n'est pas de vaine gloire & de condition, que les hommes doivent disputer entr'eux ; & ce qui nous distingue parfaitement les uns des autres, c'est la sagesse & la vertu.

LE MAITRE A DANSER.
Je lui soutiens que la danse est une science à laquelle on ne peut faire assez d'honneur.

LE MAITRE DE MUSIQUE.
Et moi, que la musique en est une que tous les siecles ont révérée.

LE MAITRE D'ARMES.
Et moi, je leur soutiens à tous deux, que la science de tirer des armes, est la plus belle & la plus nécessaire de toutes les sciences.

H 5

LE MAITRE DE PHILOSOPHIE.
Et que sera donc la Philosophie ? Je vous trouve tous trois bien impertinens, de parler devant moi avec cette arrogance : & de donner impudemment le nom de science à des choses que l'on ne doit pas même honorer du nom d'art, & qui ne peuvent être comprises que sous le nom de métier misérable de gladiateur, de chanteur & de baladin.

LE MAITRE D'ARMES.
Allez, Philosophe de chien.

LE MAITRE DE MUSIQUE.
Allez, belître de pédant.

LE MAITRE A DANSER.
Allez, cuistre fieffé.

LE MAITRE DE PHILOSOPHIE.
Comment ? Marauds que vous êtes...

(Le Philosophe se jette sur eux, & tous trois le chargent de coups.)

M. JOURDAIN.
Monsieur le Philosophe.

LE MAITRE DE PHILOSOPHIE.
Infames, coquins, insolens.

M. JOURDAIN.
Monsieur le Philosophe.

LE MAITRE D'ARMES.
La peste de l'animal !

M. JOURDAIN.
Messieurs.

LE MAITRE DE PHILOSOPHIE.
Impudens.

M. JOURDAIN.
Monsieur le Philosophe.

LE MAITRE A DANSER.
Diantre soit de l'âne bâté !

M. JOURDAIN.
Messieurs.

LE MAITRE DE PHILOSOPHIE.
Scélérats.

COMEDIE. 179

M. JOURDAIN.
Monsieur le Philosophe.
LE MAITRE DE MUSIQUE.
Au diable l'impertinent !
M. JOURDAIN.
Messieurs.
LE MAITRE DE PHILOSOPHIE.
Fripons, gueux, traîtres, imposteurs.
M. JOURDAIN.
Monsieur le Philosophe. Messieurs. Monsieur le Philosophe. Messieurs. Monsieur le Philosophe.
(Ils sortent en se battant.)

SCENE V.
M. JOURDAIN, UN LAQUAIS.
M. JOURDAIN.

OH ! battez-vous tant qu'il vous plaira ; je n'y sçaurois que faire, & je n'irai pas gâter ma robe pour vous séparer. Je serois bien fou de m'aller fourrer parmi eux, pour recevoir quelque coup qui me feroit mal.

SCENE VI.
LE MAITRE DE PHILOSOPHIE, M. JOURDAIN, UN LAQUAIS.
LE MAITRE DE PHILOSOHIE
raccommodant son collet.

Venons à notre leçon.
M. JOURDAIN.
Ah ! Monsieur je suis fâché des coups qu'ils vous ont donnés.

H 6

LE MAITRE DE PHILOSOPHIE.

Cela n'est rien. Un Philosophe sçait recevoir comme il faut les choses, & je vais composer contr'eux une satyre du style de Juvenal, qui les déchirera de la belle façon. Laissons cela. Que voulez-vous apprendre ?

M. JOURDAIN.

Tout ce que je pourrai, car j'ai toutes les envies du monde d'être sçavant ; & j'enrage que mon pere & ma mere ne m'aient pas bien fait étudier dans toutes les sciences, quand j'étois jeune.

LE MAITRE DE PHILOSOPHIE.

Ce sentiment est raisonnable, *nam, sine doctrinâ, vita est quasi mortis imago.* Vous entendez cela, & vous sçavez le Latin, sans doute ?

M. JOURDAIN.

Oui ; mais faites comme si je ne le sçavois pas. Expliquez-moi ce que cela veut dire.

LE MAITRE DE PHILOSOPHIE.

Cela veut dire que, *Sans la science, la vie est presque une image de la mort.*

M. JOURDAIN.

Ce Latin là a raison.

LE MAITRE DE PHILOSOPHIE.

N'avez-vous point quelques principes, quelques commencemens des sciences ?

M. JOURDAIN.

Oh ! oui. Je sçais lire & écrire.

LE MAITRE DE PHILOSOPHIE.

Par où vous plaît-il que nous commencions ? Voulez-vous que je vous apprenne la logique ?

M. JOURDAIN.

Qu'est-ce que c'est que cette logique ?

LE MAITRE DE PHILOSOPHIE.

C'est-elle qui enseigne les trois opérations de l'esprit.

M. JOURDAIN.

Qui sont-elles, ces trois opérations de l'esprit ?

COMEDIE.

LE MAITRE DE PHILOSOPHIE.
La premiere, la seconde & la troisieme. La premiere, est de bien concevoir, par le moyen des universaux. La seconde, de bien juger par le moyen des cathégories. Et la troisieme, de bien tirer une conséquence par le moyen des figures, *Barbara, celarent, Darii, ferio, baralipton*, &c.

M. JOURDAIN.
Voilà des mots qui sont trop rébarbatifs. Cette logique-là ne me revient point. Apprenons autre chose qui soit plus joli.

LE MAITRE DE PHILOSOPHIE.
Voulez-vous apprendre la Morale ?

M. JOURDAIN.
La Morale ?

LE MAITRE DE PHILOSOPHIE.
Oui.

M. JOURDAIN.
Qu'est-ce qu'elle dit cette Morale ?

LE MAITRE DE PHILOSOPHIE.
Elle traite de la félicité, enseigne aux hommes à modérer leurs passions, &....

M. JOURDAIN.
Non, laissons cela. Je suis billieux comme tous les diables ; & il n'y a Morale qui tienne, je me veux mettre en colere tout mon saoul, quand il m'en prend envie.

LE MAITRE DE PHILOSOPHIE.
Est-ce la Physique que vous voulez apprendre ?

M. JOURDAIN.
Qu'est-ce qu'elle chante cette Physique ?

LE MAITRE DE PHILOSOPHIE.
La Physique est celle, qui explique les principes des choses naturelles, & les propriétés du corps, qui discourt de la nature, des élémens, des métaux, des minéraux, des pierres, des plantes, & des animaux, & nous enseigne les causes de tous les météores, l'arc-en-ciel, les feux volans, les comètes, les éclairs,

182 LE BOURG. GENTILHOMME,

le tonnerre, la foudre, la pluie, la neige, la grêle, les vents & les tourbillons.

M. JOURDAIN.

Il y a trop de tintamare là-dedans, trop de brouillamini.

LE MAITRE DE PHILOSOPHIE.

Que voulez-vous donc que je vous apprenne ?

M. JOURDAIN.

Apprenez-moi l'orthographe.

LE MAITRE DE PHILOSOPHIE.

Très-volontiers.

M. JOURDAIN.

Après vous m'aprendrez l'almanach, pour sçavoir quand il y a de la lune, & quand il n'y en a point.

LE MAITRE DE PHILOSOPHIE.

Soit. Pour bien suivre votre pensée, & traiter cette matiere en Philosophe ; il faut commencer, selon l'ordre des choses, & par une exacte connoissance de la nature des lettres, & de la différente maniere de les prononcer toutes. Et, là-dessus, j'ai à vous dire que les lettres sont divisées en voyelles, ainsi dites voyelles, parce qu'elles expriment les voix, & en consonnes, ainsi appellées consonnes ; parce qu'elles sonnent avec les voyelles, & ne font que marquer les diverses articulations des voix. Il y a cinq voyelles, ou voix, A, E, I, O, U.

M. JOURDAIN.

J'entends tout cela.

LE MAITRE DE PHILOSOPHIE.

La voix, A, se forme en ouvrant fort la bouche, A.

M. JOURDAIN.

A, A. Oui.

LE MAITRE DE PHILOSOPHIE.

La voix, E, se forme en rapprochant la machoire d'en bas de celle d'en haut, A, E.

M. JOURDAIN.

A, E, A, E. Ma foi, oui. Ah ! Que cela est beau !

COMEDIE. 183.

LE MAITRE DE PHILOSOPHIE.
Et la voix I, en rapprochant encore davantage les machoires l'une de l'autre, & écartant les deux coins de la bouche vers les oreilles, A, E, I.

M. JOURDAIN.
A, E, I, I, I, I. Cela est vrai. Vive la science.

LE MAITRE DE PHILOSOPHIE.
La voix, O, se forme en rouvrant les machoires, & raprochant les levres par les deux coins, le haut & le bas, O.

M. JOURDAIN.
O, O. Il n'y a rien de plus juste. A, E, I, O, I, O. Cela est admirable ! I, O, I, O.

LE MAITRE DE PHILOSOPHIE.
L'ouverture de la bouche fait justement comme un petit rond qui represente un O.

M. JOURDAIN.
O, O, O. Vous avez raison. O. Ah ! La belle chose que de sçavoir quelque chose !

LE MAITRE DE PHILOSOHIE.
La voix, U, se forme en rapprochant les dents sans les joindre entiérement, & allongeant les deux levres en dehors, & les approchant aussi l'une de l'autre, sans les joindre tout-à-fait, U.

M. JOURDAIN.
U, U. Il n'y a rien de plus véritable, U.

LE MAITRE DE PHILOSOPHIE.
Vos deux levres s'allongent comme si vous faisiez la moue ; d'où vient que, si vous la voulez faire à quelqu'un, & vous moquer de lui, vous ne sçauriez lui dire que, U.

M. JOURDAIN.
U, U. Cela est vrai. Ah ! Que n'ai-je étudié plutôt, pour sçavoir tout cela.

LE MAITRE DE PHILOSOPHIE.
Demain nous verrons les autres lettres qui sont les consonnes.

184 LE BOURG. GENTILHOMME,

M. JOURDAIN.
Est-ce qu'il y a des choses aussi curieuses qu'à celles-ci ?

LE MAITRE DE PHILOSOPHIE.
Sans doute. La consonne D, par exemple, se prononce en donnant du bout de la langue au-dessus des dents d'en haut, DA.

M. JOURDAIN.
DA, DA. Oui. Ah ! Les belles choses ! Les belles choses !

LE MAITRE DE PHILOSOPHIE.
L'F, en appuyant les deux dents d'en haut sur la levre de dessous, FA.

M. JOURDAIN.
FA, FA. C'est la vérité. Ah ! Mon pere & ma mere, que je vous veux de mal !

LE MAITRE DE PHILOSOPHIE.
Et l'R, en portant le bout de la langue jusqu'au haut du palais ; de sorte qu'étant frôlée par l'air qui sort avec force, elle lui cede, & revient toujours au même endroit, faisant une maniere de tremblement, R, RA.

M. JOURDAIN.
R, R, RA, R, R, R, R, R, RA. Cela est vrai. Ah ! L'habile homme que vous êtes, & que j'ai perdu de tems ! R, R, R, RA.

LE MAITRE DE PHILOSOPHIE.
Je vous expliquerai à fond toutes ces curiosités.

M. JOURDAIN.
Je vous en prie. Au reste, il faut que je vous fasse une confidence. Je suis amoureux d'une personne de grande qualité, & je souhaiterois que vous m'aidassiez à lui écrire quelque chose dans un petit billet que je veux laisser tomber à ses pieds.

LE MAITRE DE PHILOSOPHIE.
Fort bien.

M. JOURDAIN.
Cela sera galant, oui.

COMEDIE.

LE MAITRE DE PHILOSOPHIE.

Sans doute. Sont-ce des vers que vous lui voulez écrire?

M. JOURDAIN.

Non, non, point de vers.

LE MAITRE DE PHILOSOPHIE.

Vous ne voulez que de la prose.

M. JOURDAIN.

Non, je ne veux ni prose ni vers.

LE MAITRE DE PHILOSOPHIE.

Il faut bien que ce soit l'un ou l'autre.

M. JOURDAIN.

Pourquoi?

LE MAITRE DE PHILOSOPHIE.

Par la raison, Monsieur, qu'il n'y a pour exprimer que la prose, ou les vers.

M. JOURDAIN.

Il n'y a que la prose ou les vers?

LE MAITRE DE PHILOSOPHIE.

Non, Monsieur. Tout ce qui n'est point prose, est vers; & tout ce qui n'est point vers, est prose.

M. JOURDAIN.

Et, comme l'on parle, qu'est-ce que c'est donc que cela?

LE MAITRE DE PHILOSOPHIE.

De la prose.

M. JOURDAIN.

Quoi! quand je dis, Nicole, apportez-moi mes pantoufles, & me donnez mon bonnet de nuit; c'est de la prose?

LE MAITRE DE PHILOSOPHIE.

Oui, Monsieur.

M. JOURDAIN.

Par ma foi, il y a plus de quarante ans que je dis de la prose, sans que j'en sçusse rien; & je vous suis le plus obligé du monde, de m'avoir appris cela. Je voudrois donc lui mettre dans un billet: *Belle Marquise, vos beaux yeux me font mourir d'amour*; mais je voudrois que cela fût mis d'une maniere galante, que cela fût tourné gentiment.

LE MAITRE TAILLEUR.
Ils ne s'élargiront que trop.

M. JOURDAIN.
Oui, fi je romps toujours des mailles. Vous m'avez aussi fait faire des souliers qui me blessent furieusement.

LE MAITRE TAILLEUR.
Point du tout.

M. JOURDAIN.
Comment, point du tout.

LE MAITRE TAILLEUR.
Non, ils ne vous blessent point.

M. JOURDAIN.
Je vous dis qu'ils me blessent, moi.

LE MAITRE TAILLEUR.
Vous vous imaginez cela.

M. JOURDAIN.
Je me l'imagine, parce que je le sens. Voyez la belle raison !

LE MAITRE TAILLEUR.
Tenez, voilà le plus bel habit de la Cour, & le mieux assorti. C'est un chef-d'œuvre que d'avoir inventé un habit sérieux qui ne fût pas noir ; & je le donne en six coups aux tailleurs les plus éclairés.

M. JOURDAIN.
Qu'est-ce que c'est que ceci ? Vous avez mis les fleurs en embas.

LE MAITRE TAILLEUR.
Vous ne m'avez pas dit que vous les vouliez en enhaut.

M. JOURDAIN.
Est-ce qu'il faut dire cela ?

LE MAITRE TAILLEUR.
Oui vraiment. Toutes les personnes de qualité les portent de la sorte.

M. JOURDAIN.
Les personnes de qualité portent les fleurs en embas ?

LE MAITRE TAILLEUR.
Oui, Monsieur.

COMÉDIE.

M. JOURDAIN.
Oh! Voilà qui est donc bien.

LE MAITRE TAILLEUR.
Si vous voulez, je les mettrai en-haut.

M. JOURDAIN.
Non, non.

LE MAITRE TAILLEUR.
Vous n'avez qu'à dire.

M. JOURDAIN.
Non, vous dis-je, vous avez bien fait. Croyez-vous que mon habit m'aille bien?

LE MAITRE TAILLEUR.
Belle demande! Je défie un peintre, avec son pinceau, de vous faire rien de plus juste. J'ai chez moi un garçon qui, pour monter une ringrave, est le plus grand génie du monde; & un autre qui, pour assembler un pourpoint, est le Héros de notre tems.

M. JOURDAIN.
La perruque & les plumes sont-elles comme il faut?

LE MAITRE TAILLEUR.
Tout est bien.

M. JOURDAIN *regardant l'habit du Tailleur.*
Ah, ah! Monsieur le Tailleur, voilà de mon étoffe du dernier habit que vous m'avez fait. Je la reconnois bien.

LE MAITRE TAILLEUR.
C'est que l'étoffe me sembla si belle, que j'en ai voulu lever un habit pour moi.

M. JOURDAIN.
Oui; mais il ne falloit pas le lever avec le mien.

LE MAITRE TAILLEUR.
Voulez-vous mettre votre habit?

M. JOURDAIN.
Oui, donnez-le-moi.

LE MAITRE TAILLEUR.
Attendez. Cela ne va pas comme cela. J'ai amené de gens pour vous habiller en cadence, & ces sortes d'habits se mettent avec cérémonie. Holà, entrez vous autres.

SCENE IX.

M. JOURDAIN, LE MAITRE TAILLEUR, LE GARÇON TAILLEUR, GARÇONS TAILLEURS *dansans*, UN LAQUAIS.

LE MAITRE TAILLEUR *à ses Garçons*.

Mettez cet habit à Monsieur, de la maniere que vous faites aux personnes de qualité.

PREMIERE ENTRÉE DE BALLET.

Les quatre Garçons Tailleurs dansans s'approchent de Monsieur Jourdain. Deux lui arrachent le haut-de-chausses de ses exercices ; les deux autres lui ôtent la camisole ; après quoi, toujours en cadence, ils lui mettent son habit neuf. Monsieur Jourdain se promene au milieu d'eux, & leur montre son habit pour voir s'il est bien.

GARÇON TAILLEUR.
Mon Gentilhomme, donnez, s'il vous plaît, aux garçons, quelque chose pour boire.

M. JOURDAIN.
Comment m'appellez-vous ?

GARÇON TAILLEUR.
Mon Gentilhomme.

M. JOURDAIN.
Mon Gentilhomme ! Voilà ce que c'est que de se mettre en personne de qualité. Allez-vous-en demeurer toujours habillé en Bourgeois, on ne vous dira point mon Gentilhomme. (*Donnant de l'argent.*) Tenez, voilà pour mon Gentilhomme.

COMÉDIE. 191
GARÇON TAILLEUR.
Monseigneur, nous vous sommes bien obligés.
M. JOURDAIN.
Monseigneur, oh, oh ! Monseigneur ! Attendez, mon ami, Monseigneur mérite quelque chose ; & ce n'est pas une petite parole que Monseigneur. Tenez, voilà ce que Monseigneur vous donne.
GARÇON TAILLEUR.
Monseigneur, nous allons boire tous à la santé de votre Grandeur.
M. JOURDAIN.
Votre Grandeur ! Oh, oh, oh ! Attendez ; ne vous
(*bas à part.*)
en allez pas. A moi, votre Grandeur ! ma foi, s'il
(*haut.*)
va jusqu'à l'Altesse, il aura toute la bourse. Tenez, voilà pour ma Grandeur.
GARÇON TAILLEUR.
Monseigneur, nous la remercions très-humblement de ses libéralités.
M. JOURDAIN.
Il a bien fait, je lui allois tout donner.

SCENE X.
II. ENTRÉE DE BALLET.

Les quatre garçons tailleurs se réjouissent, en dansant, de la libéralité de Monsieur Jourdain.

Fin du second Acte.

ACTE III.
SCENE PREMIERE.
M. JOURDAIN, DEUX LAQUAIS.

M. JOURDAIN.

Suivez-moi, que j'aille un peu montrer mon habit par la ville; & sur-tout, ayez soin tous deux de marcher immédiatement sur mes pas, afin qu'on voie bien que vous êtes à moi.

LAQUAIS.

Oui, Monsieur.

M. JOURDAIN.

Appellez-moi Nicole, que je lui donne quelques ordres. Ne bougez, la voilà.

SCENE II.
M. JOURDAIN, NICOLE, DEUX LAQUAIS.

M. JOURDAIN.

Nicole.

NICOLE.

Plaît-il?

M. JOURDAIN.

Ecoutez.

NICOLE *riant*.

Hi, hi, hi, hi, hi.

M. JOURDAIN.

COMEDIE.

M. JOURDAIN.
Qu'as-tu à rire ?

NICOLE.
Hi, hi, hi, hi, hi.

M. JOURDAIN.
Que veut dire cette coquine-là ?

NICOLE.
Hi, hi, hi, comment vous voilà bâti ! Hi, hi, hi,

M. JOURDAIN.
Comment donc ?

NICOLE.
Ah, ah ! Mon Dieu ! Hi, hi, hi, hi, hi.

M. JOURDAIN.
Quelle friponne est-ce-là ? Te moques-tu de moi ?

NICOLE.
Nenni, Monsieur, j'en serois bien fâchée. Hi, hi, hi, hi, hi, hi.

M. JOURDAIN.
Je te baillerai sur le nez, si tu ris davantage.

NICOLE.
Monsieur, je ne puis pas m'en empêcher. Hi, hi, hi, hi, hi, hi.

M. JOURDAIN.
Tu ne t'arrêteras pas ?

NICOLE.
Monsieur, je vous demande pardon ; mais vous êtes si plaisant que je ne me sçaurois tenir de rire. Hi, hi, hi.

M. JOURDAIN.
Mais voyez quelle insolente !

NICOLE.
Vous êtes tout-à-fait drôle comme cela. Hi, hi.

M. JOURDAIN.
Je te......

NICOLE.
Je vous prie de m'excuser. Hi, hi, hi, hi.

M. JOURDAIN.
Tien, si tu ris encore le moins du monde, je te jure

Tome VI.   I

que je t'appliquerai sur la joue le plus grand soufflet qui se soit jamais donné.

NICOLE.
Hé bien, Monsieur, voilà qui est fait, je ne rirai plus.

M. JOURDAIN.
Prends-y bien garde. Il faut que, pour tantôt, tu nettoies......

NICOLE.
Hi, hi.

M. JOURDAIN.
Que tu nettoies comme il faut......

NICOLE.
Hi, hi.

M. JOURDAIN.
Il faut, dis-je, que tu nettoies la salle, &......

NICOLE.
Hi, hi.

M. JOURDAIN.
Encore ?

NICOLE *tombant à force de rire.*
Tenez, Monsieur, battez-moi plutôt, & me laissez rire tout mon saoul ; cela me fera plus de bien. Hi, hi, hi, hi.

M. JOURDAIN.
J'enrage.

NICOLE.
De grace, Monsieur, je vous prie de me laisser rire. Hi, hi, hi.

M. JOURDAIN.
Si je te prends......

NICOLE.
Monsieur, je créverai, ai, si je ne ris. Hi, hi, hi.

M. JOURDAIN.
Mais a-t-on jamais vû une pandarde comme celle-là ; qui me vient rire insolemment au nez, au lieu de recevoir mes ordres ?

COMEDIE.

NICOLE.

Que voulez-vous que je fasse, Monsieur?

M. JOURDAIN.

Que tu songes, coquine, à préparer ma maison, pour la compagnie qui doit venir tantôt.

NICOLE *se relevant.*

Ah, par ma foi, je n'ai plus envie de rire; & toujours vos compagnies font tant de désordre céans, que ce mot est assez pour me mettre en mauvaise humeur.

M. JOURDAIN.

Ne dois-je point, pour toi, fermer ma porte à tout le monde?

NICOLE.

Vous devriez au moins la fermer à certaines gens.

SCENE III.

MADAME JOURDAIN, M. JOURDAIN, NICOLE, DEUX LAQUAIS.

Madame JOURDAIN.

Ah, ah! Voici une nouvelle histoire. Qu'est-ce que c'est donc, mon mari, que cet équipage-là? Vous moquez-vous du monde, de vous être fait enharnacher de la sorte? Et avez-vous envie qu'on se raille par-tout de vous?

M. JOURDAIN.

Il n'y a que des sots & des sotes, ma femme, qui se railleront de moi.

Madame JOURDAIN.

Vraiment, on n'a pas attendu jusqu'à cette heure, & il y a long-tems que vos façons de faire donnent à rire à tout le monde.

M. JOURDAIN.

Qui est donc tout ce monde-là, s'il vous plaît?

Madame JOURDAIN.

Tout ce monde-là est un monde qui a raison, & qui est plus sage que vous. Pour moi, je suis scandalisée de la vie que vous menez. Je ne sçais plus ce que c'est que notre maison. On diroit qu'il est céans carême prenant tous les jours; &, dès le matin, de peur d'y manquer, on y entend des vacarmes de violons & de chanteurs, dont tout le voisinage se trouve incommodé.

NICOLE.

Madame parle bien. Je ne sçaurois plus voir mon ménage propre avec cet attirail de gens que vous faites venir chez vous. Ils ont des pieds qui vont chercher de la boue dans tous les quartiers de la ville pour l'apporter ici ; & la pauvre Françoise est presque sur les dents, à frotter les planchers que vos biaux maîtres viennent crotter régulièrement tous les jours.

M. JOURDAIN.

Ouais ! notre servante Nicole, vous avez le caquet bien affilé pour une paysanne.

Madame JOURDAIN.

Nicole a raison ; & son sens est meilleur que le vôtre. Je voudrois bien sçavoir ce que vous pensez faire d'un maître à danser à l'âge que vous avez.

NICOLE.

Et d'un grand Maître tireur d'armes qui vient, avec ses battemens de pied, ébranler toute la maison, & nous déraciner tous les carriaux de notre salle?

M. JOURDAIN.

Taisez-vous, ma servante, & ma femme.

Madame JOURDAIN.

Est-ce que vous voulez apprendre à danser, pour quand vous n'aurez plus de jambes?

NICOLE.

Est-ce vous avez envie de tuer quelqu'un ?

M. JOURDAIN.

Taisez-vous, vous dis-je, vous êtes des ignorantes

l'un & l'autre ; & vous ne sçavez pas les prérogatives de tout cela.

Madame JOURDAIN.

Vous devriez bien plutôt songer à marier votre fille, qui est en âge d'être pourvue.

M. JOURDAIN.

Je songerai à marier ma fille, quand il se presentera un parti pour elle ; mais je veux songer aussi à apprendre les belles choses.

NICOLE.

J'ai encore ouï-dire, Madame, qu'il a pris aujourd'hui, pour renfort de potage, un Maître de Philosophie.

M. JOURDAIN.

Fort bien. Je veux avoir de l'esprit, & sçavoir raisonner des choses, parmi les honnêtes-gens.

Madame JOURDAIN.

N'irez-vous point l'un de ces jours au College, vous faire donner le fouet, à votre âge ?

M. JOURDAIN.

Pourquoi non ? Plût à Dieu l'avoir tout-à-l'heure le fouet, devant tout le monde, & sçavoir ce qu'on apprend au College !

NICOLE.

Oui, ma foi, cela vous rendroit la jambe bien mieux faite.

M. JOURDAIN.

Sans doute.

Madame JOURDAIN.

Tout cela est fort nécessaire pour conduire votre maison.

M. JOURDAIN.

Assurément. Vous parlez toutes deux comme des bêtes ; & j'ai honte de votre ignorance. Par exem-
(à *Madame Jourdain.*)
ple, sçavez-vous, vous, ce que c'est que vous dites à cette heure ?

Madame JOURDAIN.
Oui. Je fçais que ce que je dis eft fort bien dit, & que vous devriez fonger à vivre d'autre forte.
M. JOURDAIN.
Je ne parle pas de cela. Je vous demande ce que c'eft que les paroles que vous dites ici?
Madame JOURDAIN.
Ce font des paroles bien fenfées, & votre conduite ne l'eft guere.
M. JOURDAIN.
Je ne parle pas de cela, vous dis-je. Je vous demande, ce que je parle avec vous, ce que je vous dis, à cette heure, qu'eft-ce que c'eft?
Madame JOURDAIN.
Des chanfons.
M. JOURDAIN.
Hé non, ce n'eft pas cela. Ce que nous difons tous deux, le langage que nous parlons à cette heure?
Madame JOURDAIN.
Hé bien?
M. JOURDAIN.
Comment eft-ce que cela s'appelle?
Madame JOURDAIN.
Cela s'appelle comme on veut l'appeller.
M. JOURDAIN.
C'eft de la profe, ignorante.
Madame JOURDAIN.
De la profe?
M. JOURDAIN.
Oui, de la profe. Tout ce qui eft profe n'eft point vers; & tout ce qui n'eft point vers, eft profe. Hé? Voilà ce que c'eft d'étudier. (*à Nicole.*) Et toi, fçais-tu bien comme il faut faire pour dire un U?
NICOLE.
Comment?
M. JOURDAIN.
Oui. Qu'eft-ce que tu fais quand tu dis un U?
NICOLE.
Quoi?

COMEDIE.

M. JOURDAIN.
Dis un peu U, pour voir.

NICOLE.
Hé bien, U.

M. JOURDAIN.
Qu'est-ce que tu fais?

NICOLE.
Je dis U.

M. JOURDAIN.
Oui; mais, quand tu dis U, qu'est-ce que tu fais?

NICOLE.
Je fais ce que vous me dites.

M. JOURDAIN.
Oh! L'étrange chose que d'avoir affaire à des bêtes! Tu allonges les lèvres en dehors, & approches la mâchoire d'en haut de celle d'en bas, U, vois-tu? Je fais la moue, U.

NICOLE.
Oui, cela est biau.

Madame JOURDAIN.
Voilà qui est admirable.

M. JOURDAIN.
C'est bien autre chose, si vous aviez vu O, & DA, DA, & FA, FA.

Madame JOURDAIN.
Qu'est-ce que c'est que tout ce galimathias-là?

NICOLE.
De quoi est-ce que tout cela guérit?

M. JOURDAIN.
J'enrage, quand je vois des femmes ignorantes.

Madame JOURDAIN.
Allez, vous devriez envoyer promener tous ces gens-là, avec leurs faribolles.

NICOLE.
Et sur-tout ce grand escogriffe de Maître d'armes, qui remplit de poudre tout mon ménage.

M. JOURDAIN.
Ouais! Ce Maître d'armes vous tient bien au cœur.

Je te veux faire voir ton impertinence tout à l'heure. *(après avoir fait apporter des fleurets, & en avoir donné un à Nicole.)*

Tien, raison démonstrative, la ligne du corps. Quand on pousse en quarte, on n'a qu'à faire cela; &, quand on pousse en tierce, on n'a qu'à faire cela. Voilà le moyen de n'être jamais tué; & cela n'est-il pas beau d'être assuré de son fait, quand on se bat contre quelqu'un ? Là, pousse-moi un peu, pour voir.

NICOLE.

Hé bien, quoi !

(Nicole pousse plusieurs bottes à M. Jourdain.)

M. JOURDAIN.

Tout beau. Holà ! Oh ! Doucement. Diantre soit la coquine !

NICOLE.

Vous me dites de pousser.

M. JOURDAIN.

Oui; mais tu me pousse en tierce, avant que de pousser en quarte, & tu n'as pas la patience que je pare.

Madame JOURDAIN.

Vous êtes fou, mon mari, avec toutes vos fantaisies; & cela vous est venu depuis que vous vous mêlez de hanter la Noblesse.

M. JOURDAIN.

Lorsque je hante la Noblesse, je fais paroître mon jugement; & cela est plus beau que de hanter votre Bourgeoisie.

Madame JOURDAIN.

Çamon vraiment ! Il y a fort à gagner à fréquenter vos Nobles, & vous avez bien opéré avec ce beau Monsieur le Comte, dont vous vous êtes embéguiné.

M. JOURDAIN.

Paix, songez à ce que vous dites. Sçavez-vous bien, ma femme, que vous ne sçavez pas de qui vous parlez, quand vous parlez de lui ? C'est une personne d'importance plus que vous ne pensez, un Seigneur que l'on considere à la Cour, & qui parle au Roi tout comme je vous parle. N'est-ce pas une chose qui m'est tout-à-fait honorable, que l'on voie venir chez moi si souvent une personne de cette qualité, qui m'apelle son cher ami, & me traite comme si j'étois son égal ? Il a pour moi des bontés qu'on ne devineroit jamais ; &, devant tout le monde, il me fait des caresses dont je suis moi-même confus.

Madame JOURDAIN.

Oui, il a des bontés pour vous, & vous fait des caresses ; mais il vous emprunte votre argent.

M. JOURDAIN.

Hé bien ? Ne m'est-ce pas de l'honneur, de prêter de l'argent à un homme de cette condition-là ? Et puis-je faire moins pour un Seigneur qui m'appelle son cher ami ?

Madame JOURDAIN.

Et ce Seigneur, que fait-il pour vous ?

M. JOURDAIN.

Des choses dont on seroit étonné, si on les sçavoit.

Madame JOURDAIN.

Et quoi ?

M. JOURDAIN.

Baste, je ne puis pas m'expliquer. Il suffit que, si je lui ai prêté de l'argent, il me le rendra bien ; & avant qu'il soit peu.....

Madame JOURDAIN.

Oui. Attendez-vous à cela.

M. JOURDAIN.

Assurément. Ne me l'a-t-il pas dit.

Madame JOURDAIN.

Oui, oui, il ne manquera pas d'y faillir.

M. JOURDAIN.

Il m'a juré sa foi de Gentilhomme.

Madame JOURDAIN.

Chansons.

M. JOURDAIN.

Ouais! vous êtes bien obstinée, ma femme. Je vous dis qu'il me tiendra sa parole, j'en suis sûr.

Madame JOURDAIN.

Et moi, je suis sûre que non; & que toutes les caresses qu'il vous fait, ne sont que pour vous enjoller.

M. JOURDAIN.

Taisez-vous. Le voici.

Madame JOURDAIN.

Il ne nous faut plus que cela. Il vient peut-être encore vous faire quelque emprunt; & il me semble que j'ai dîné, quand je le vois.

M. JOURDAIN.

Taisez-vous, vous dis-je.

SCENE IV.

DORANTE, M. JOURDAIN, MADAME JOURDAIN, NICOLE.

DORANTE.

Mon cher ami Monsieur Jourdain, comment vous portez-vous?

M. JOURDAIN.

Fort bien, Monsieur, pour vous rendre mes petits services.

DORANTE.

Et Madame Jourdain que voilà, comment se porte-t-elle?

Madame JOURDAIN.

Madame Jourdain se porte comme elle peut.

DORANTE.

Comment, Monsieur Jourdain, vous voilà le plus propre du monde!

COMEDIE. 203

M. JOURDAIN.

Vous voyez.

DORANTE.

Vous avez tout-à-fait bon air avec cet habit; nous n'avons point de jeunes gens à la Cour, qui soient mieux faits que vous.

M. JOURDAIN.

Hai, hai.

Madame JOURDAIN *à part.*

Il le gratte par où il se demange.

DORANTE.

Tournez-vous. Cela est tout-à-fait galant.

Madame JOURDAIN *à part.*

Oui, aussi sot par derriere que par devant.

DORANTE.

Ma foi, Monsieur Jourdain, j'avois une impatience étrange de vous voir. Vous êtes l'homme du monde que j'estime le plus, & je parlois encore de vous ce matin dans la chambre du Roi.

M. JOURDAIN.

Vous me faites beaucoup d'honneur, Monsieur (*à Madame Jourdain.*) Dans la chambre du Roi.

DORANTE.

Allons, mettez.

M. JOURDAIN.

Monsieur, je sçais le respect que je vous dois.

DORANTE.

Mon Dieu! Mettez. Point de cérémonie entre nous, je vous prie.

M. JOURDAIN.

Monsieur....

DORANTE.

Mettez, vous dis-je, Monsieur Jourdain, vous êtes mon ami.

M. JOURDAIN.

Monsieur, je suis votre serviteur.

DORANTE.

Je ne me couvrirai point, si vous ne vous couvrez.

I 6

M. JOURDAIN *se couvrant.*

J'aime mieux être incivil qu'importun.

DORANTE.

Je suis votre débiteur, comme vous le sçavez.

Madame JOURDAIN *à part.*

Oui, nous ne le sçavons que trop.

DORANTE.

Vous m'avez généreusement prêté de l'argent en plusieurs occasions; & vous m'avez obligé de la meilleure grace du monde, assurément.

M. JOURDAIN.

Monsieur, vous vous moquez.

DORANTE.

Mais je sçais rendre ce qu'on me prête, & reconnoître les plaisirs qu'on me fait.

M. JOURDAIN.

Je n'en doute point, Monsieur.

DORANTE.

Je veux sortir d'affaire avec vous, & je viens ici pour faire nos comptes ensemble.

M. JOURDAIN *bas à Madame Jourdain.*

Hé bien, vous voyez votre impertinence, ma femme.

DORANTE.

Je suis homme qui aime à m'acquitter le plutôt que je puis.

M. JOURDAIN *bas à Madame Jourdain.*

Je vous le disois bien.

DORANTE.

Voyons un peu ce que je vous dois.

M. JOURDAIN *bas à Madame Jourdain.*

Vous voilà avec vos soupçons ridicules.

DORANTE.

Vous souvenez-vous bien de tout l'argent que vous m'avez prêté?

M. JOURDAIN.

Je crois que oui. J'en ai fait un petit mémoire. Le voici. Donné à vous une fois deux cens louis.

COMEDIE

DORANTE.
Cela est vrai.

M. JOURDAIN.
Une autre fois, six-vingt.

DORANTE.
Oui.

M. JOURDAIN.
Et une autrefois cent quarante.

DORANTE.
Vous avez raison.

M. JOURDAIN.
Ces trois articles font quatre cens soixante louis, qui valent cinq mille soixante livres.

DORANTE.
Le compte est fort bon. Cinq mille soixante livres.

M. JOURDAIN.
Mille huit cens trente-deux livres à votre Plumassier.

DORANTE.
Justement.

M. JOURDAIN.
Deux mille sept cens quatre-vingt livres à votre Tailleur.

DORANTE.
Il est vrai.

M. JOURDAIN.
Quatre mille trois cens soixante-neuf livres douze sols huit deniers à votre Marchand.

DORANTE.
Fort bien. Douze sols huit deniers; le compte est juste.

M. JOURDAIN.
Et mille sept cens quarante-huit livres sept sols quatre deniers à votre Sellier.

DORANTE.
Tout cela est véritable. Qu'est-ce que cela fait?

M. JOURDAIN.
Somme totale, quinze mille huit cens livres.

LE BOURG. GENTILHOMME,

DORANTE.

Somme totale est juste. Quinze mille huit cens livres. Mettez encore deux cens louis que vous m'allez donner, cela sera justement dix-huit mille francs, que je vous paierai au premier jour.

Madame JOURDAIN *bas à M. Jourdain.*

Hé bien, ne l'avois-je bien deviné ?

M. JOURDAIN *bas à Madame Jourdain.*

Paix.

DORANTE.

Cela vous incommodera-t-il, de me donner ce que je vous dis ?

M. JOURDAIN.

Hé non.

Madame JOURDAIN *bas à Monsieur Jourdain.*

Cet homme-là fait de vous une vache à lait.

M. JOURDAIN *bas à Madame Jourdain.*

Taisez-vous.

DORANTE.

Si cela vous incommode, j'en irai chercher ailleurs.

M. JOURDAIN.

Non, Monsieur.

Madame JOURDAIN *bas à M. Jourdain.*

Il ne sera pas content qu'il ne vous ait ruiné.

M. JOURDAIN *bas à Madame Jourdain.*

Taisez-vous, vous dis-je.

DORANTE.

Vous n'avez qu'à me dire si cela vous embarrasse.

M. JOURDAIN.

Point, Monsieur.

Madame JOURDAIN *bas à Monsieur Jourdain.*

C'est un vrai enjoleur.

M. JOURDAIN *bas à Madame Jourdain.*

Taisez-vous donc.

Madame JOURDAIN *bas à Monsieur Jourdain.*

Il vous sucera jusqu'au dernier sou.

M. JOURDAIN *bas à Madame Jourdain.*

Vous tairez-vous ?

COMEDIE.

DORANTE.

J'ai force gens qui m'en prêteroient avec joie; mais, comme vous êtes mon meilleur ami, j'ai cru que je vous ferois tort, si j'en demandois à quelqu'autre.

M. JOURDAIN.

C'est trop d'honneur, Monsieur, que vous me faites. Je vais querir votre affaire.

Madame JOURDAIN *bas à Monsieur Jourdain.*

Quoi, vous allez encore lui donner cela?

M. JOURDAIN *bas à Madame Jourdain.*

Que faire? Voulez-vous que je refuse un homme de cette condition-là, qui a parlé de moi ce matin dans la chambre du Roi?

Madame JOURDAIN *bas à Monsieur Jourdain.*

Allez, vous êtes une vraie dupe.

SCENE V.

DORANTE, MADAME JOURDAIN, NICOLE.

DORANTE.

Vous me semblez toute mélancolique? Qu'avez-vous, Madame Jourdain?

Madame JOURDAIN.

J'ai la tête plus grosse que le poing, & si elle n'est pas enflée.

DORANTE.

Mademoiselle votre fille, où est-elle, que je ne la vois point.

Madame JOURDAIN.

Mademoiselle ma fille est bien où elle est.

DORANTE.

Comment se porte-t-elle?

Madame JOURDAIN.

Elle se porte sur ses deux jambes.

DORANTE.

Ne voulez-vous point, un de ces jours, venir voir avec elle le Ballet & la Comédie que l'on fait chez le Roi ?

Madame JOURDAIN.

Oui, vraiment, nous avons fort envie de rire, fort envie de rire nous avons.

DORANTE.

Je pense, Madame Jourdain, que vous avez eu bien des amans dans votre jeune âge, belle & d'agréable humeur comme vous étiez.

Madame JOURDAIN.

Tredame, Monsieur, est-ce que Madame Jourdain est décrépite, & la tête lui grouille-t-elle déjà ?

DORANTE.

Ah, ma foi, Madame Jourdain, je vous demande pardon. Je ne songeois pas que vous êtes jeune ; & je rêve le plus souvent. Je vous prie d'excuser mon impertinence.

SCENE VI.

MONSIEUR JOURDAIN, MADAME JOURDAIN, DORANTE, NICOLE.

M. JOURDAIN à *Dorante*.

Voilà deux cens louis bien comptés.

DORANTE.

Je vous assure, Monsieur Jourdain, que je suis tout à vous, & que je brûle de vous rendre un service à la Cour.

M. JOURDAIN.

Je vous suis trop obligé.

COMÉDIE.

DORANTE
Si Madame Jourdain veut voir le divertissement Royal, je lui ferai donner les meilleures places de la salle.

Madame JOURDAIN.
Madame Jourdain vous baise les mains.

DORANTE *bas à M. Jourdain.*
Notre belle Marquise, comme je vous ai mandé par mon billet, viendra tantôt ici pour le Ballet & le repas; & je l'ai fait consentir enfin au cadeau que vous lui voulez donner.

M. JOURDAIN.
Tirons-nous un peu plus loin, pour cause.

DORANTE
Il y a huit jours que je ne vous ai vu, & je ne vous ai point mandé des nouvelles du diamant que vous me mîtes entre les mains pour lui en faire present de votre part; mais c'est que j'ai eu toutes les peines du monde à vaincre son scrupule, & ce n'est que d'aujourd'hui qu'elle s'est résolue à l'accepter.

M. JOURDAIN.
Comment l'a-t-elle trouvé?

DORANTE.
Merveilleux; & je me trompe fort, ou la beauté de ce diamant fera pour vous sur son esprit un effet admirable.

M. JOURDAIN.
Plût au Ciel.

Madame JOURDAIN *à Nicole.*
Quand il est une fois avec lui, il ne peut le quitter.

DORANTE.
Je lui ai fait valoir, comme il faut, la richesse de ce présent, & la grandeur de votre amour.

M. JOURDAIN.
Ce sont, Monsieur, des bontés qui m'accablent; & je suis dans une confusion la plus grande du monde.

de voir une personne de votre qualité s'abaisser pour moi à ce que vous faites.

DORANTE.
Vous moquez-vous ? Est-ce qu'entre amis on s'arrête à ces sortes de scrupules ? & ne seriez-vous pas pour moi la même chose, si l'occasion s'en offroit ?

M. JOURDAIN.
Oh, assurément, & de très-grand cœur.

Madame JOURDAIN *bas à Nicole.*
Que sa presence me pese sur les epaules.

DORANTE.
Pour moi, je ne regarde rien quand il faut servir un ami ; & lorsque vous me fîtes confidence de l'ardeur que vous aviez prise pour cette Marquise agréable, chez qui j'avois commerce, vous vîtes que d'abord je m'offris de moi-même à servir votre amour.

M. JOURDAIN.
Il est vrai. Ce sont des bontés qui me confondent.

Madame JOURDAIN *à Nicole.*
Est-ce qu'il ne s'en ira point ?

NICOLE.
Ils se trouvent bien ensemble.

DORANTE.
Vous avez pris le bon biais pour toucher son cœur. Les femmes aiment sur-tout les dépenses qu'on fait pour elles ; & vos fréquentes sérénades, & vos bouquets continuels, ce superbe feu d'artifice qu'elle trouva sur l'eau, le diamant qu'elle a reçu de votre part, & le cadeau que vous lui préparez, tout cela lui parle bien mieux en faveur de votre amour, que toutes les paroles que vous auriez pu lui dire vous-même.

M. JOURDAIN.
Il n'y a point de dépense que je ne fisse, si par-là je pouvois trouver le chemin de son cœur. Une femme de qualité a pour moi des charmes ravissans ; & c'est un honneur que j'acheterois au prix de toutes choses.

COMEDIE.

Madame JOURDAIN *bas à Nicole.*

Que peuvent-ils tant dire ensemble ? va-t-en un peu tout doucement prêter l'oreille.

DORANTE.

Ce sera tantôt que vous jouirez, à votre aise, du plaisir de sa vue; & vos yeux auront tout le tems de se satisfaire.

M. JOURDAIN.

Pour être en pleine liberté, j'ai fait en-sorte que ma femme ira dîner chez ma sœur, où elle passera l'après-dînée.

DORANTE.

Vous avez fait prudemment; & votre femme auroit pu nous embarrasser. J'ai donné pour vous l'ordre qu'il faut au cuisinier, & à toutes les choses qui sont nécessaires pour le Ballet. Il est de mon invention; &, pourvu que l'exécution puisse répondre à l'idée, je suis sûr qu'il sera trouvé....

M. JOURDAIN *s'appercevant que Nicole écoute, & lui donnant un soufflet.*

(*à Dorante.*)

Ouais ! vous êtes bien impertinente. Sortons, s'il vous plaît.

SCENE VIII.

MADAME JOURDAIN, NICOLE.

NICOLE.

MA foi, Madame, la curiosité m'a coûté quelque chose; mais je crois qu'il y a quelque anguille sous roche; & ils parlent de quelque affaire, où ils ne veulent pas que vous soyiez.

Madame JOURDAIN.

Ce n'est pas d'aujourd'hui, Nicole, que j'ai conçu des soupçons de mon mari. Je suis la plus trompée du monde, où il y a quelque amour en campagne, & je travaille à découvrir ce que ce peut être. Mais songeons à ma fille. Tu sçais l'amour que Cléonte a pour elle, c'est un homme qui me revient; & je veux aider sa recherche, & lui donner Lucile, si je puis.

NICOLE.

En vérité, Madame, je suis la plus ravie du monde, de vous voir dans ces sentimens; car, si le maître vous revient, le valet ne me revient pas moins; & je souhaiterois que notre mariage se pût faire à l'ombre du leur.

Madame JOURDAIN.

Va-t-en lui en parler de ma part, & lui dire que tout-à-l'heure il me vienne trouver, pour faire ensemble à mon mari la demande de ma fille.

NICOLE.

J'y cours, Madame, avec joie; & je ne pouvois recevoir une commission plus agréable.

(seule.)

Je vais, je pense, bien réjouir les gens.

SCENE VIII.

CLEONTE, COVIELLE, NICOLE.

NICOLE *à Cléonte.*

AH! vous voilà tout-à-propos. Je suis une ambassadrice de joie, & je viens....

CLEONTE.

Retire-toi, perfide, & ne me viens pas amuser avec tes traîtresses paroles.

NICOLE.

Est-ce ainsi que vous recevez....

CLEONTE.

Retire-toi, te dis-je; & va-t-en, de ce pas, dire à

ton infidele maîtresse qu'elle n'abusera de sa vie le trop simple Cléonte.
NICOLE.
Quel vertigo est-ce donc là? mon pauvre Covielle, dis-moi un peu ce que cela veut dire?
COVIELLE.
Ton pauvre Covielle, petite scélérate? allons vîte, ôte-toi de mes yeux, vilaine, & me laisse en repos.
NICOLE.
Quoi! tu me viens aussi....
COVIELLE.
Ote-toi de mes yeux, te dis-je, & ne me parle de ta vie.
NICOLE *à part.*
Ouais! quelle mouche les a piqués tous deux! allons de cette belle histoire informer ma maîtresse.

SCENE IX.
CLEONTE COVIELLE.
CLEONTE.

Quoi! traiter un amant de la sorte; & un amant le plus fidele, & le plus passionné de tous les amans!
COVIELLE.
C'est une chose épouvantable, que ce qu'on nous fait à tous deux.
CLEONTE.
Je fais voir pour une personne toute l'ardeur, & toute la tendresse qu'on peut imaginer; je n'aime rien au monde qu'elle, & je n'ai qu'elle dans l'esprit; elle fait tous mes soins, tous mes desirs, toute ma joie; je ne parle que d'elle, je ne pense qu'à elle, je ne fais des songes que d'elle, je ne respire que par

elle, mon cœur vit tout en elle; & voilà de tant d'amitié la digne récompense! Je suis deux jours sans la voir, qui sont pour moi deux siecles effroyables, je la rencontre par hasard, mon cœur à cette vue se sent tout transporté, ma joie éclate sur mon visage, je vole avec ravissement vers elle; & l'infidele détourne de moi ses regards, & passe brusquement, comme si de sa vie elle ne m'avoit vu.

COVIELLE.
Je dis les mêmes choses que vous.

CLEONTE.
Peut-on rien voir d'égal, Covielle, à cette perfidie de l'ingrate Lucile?

COVIELLE.
Et à celle, Monsieur, de la pendarde Nicole?

CLEONTE.
Après tant de sacrifices ardens, de soupirs & de vœux que j'ai faits à ses charmes.

COVIELLE.
Après tant d'assidus hommages, de soins & de services que je lui ai rendus dans sa cuisine.

CLEONTE.
Tant de larmes que j'ai versées à ses genoux.

COVIELLE.
Tant de seaux d'eau que j'ai tirés au puits pour elle.

CLEONTE.
Tant d'ardeur que j'ai fait paroître à la chérir plus que moi-même.

COVIELLE.
Tant de chaleur que j'ai soufferte à tourner la broche à sa place.

CLEONTE.
Elle me fuit avec mépris?

COVIELLE.
Elle me tourne le dos avec effronterie?

CLEONTE.
C'est une perfidie digne des plus grands châtimens.

COMEDIE.

COVIELLE.
C'est une trahison à mériter mille soufflets.

CLEONTE.
Ne t'avise point, je te prie, de me parler jamais pour elle.

COVIELLE.
Moi, Monsieur ? Dieu m'en garde.

CLEONTE.
Ne vient point m'excuser l'action de cette infidele.

COVIELLE.
N'ayez pas peur.

CLEONTE.
Non, vois-tu, tous tes discours pour la défendre, ne serviroient de rien.

COVIELLE.
Qui songe à cela ?

CLEONTE.
Je veux contr'elle conserver mon ressentiment ; & rompre ensemble tout commerce.

COVIELLE.
J'y consens.

CLEONTE.
Ce Monsieur le Comte qui va chez elle, lui donne peut-être dans la vue ; & son esprit je le vois bien, se laisse éblouir à la qualité. Mais il faut, pour mon honneur, prévenir l'éclat de son inconstance. Je veux faire autant de pas qu'elle au changement où je la vois courir ; & ne lui laisser pas toute la gloire de me quitter.

COVIELLE.
C'est fort bien dit ; & j'entre, pour mon compte, dans tous vos sentimens.

CLEONTE.
Donne la main à mon dépit ; & soutiens ma résolution contre tous les restes d'amour qui me pourroient parler pour elle. Dis-m'en, je t'en conjure, tout le mal que tu pourras. Fais-moi de sa personne une peinture qui me la rende méprisable ; & marque-

moi bien, pour m'en dégoûter, tous les défauts que tu peux voir en elle.

COVIELLE.

Elle, Monsieur ? voilà une belle mijaurée, une pimpe-fouée bien bâtie, pour vous donner tant d'amour. Je ne lui vois rien que de très-médiocre; & vous trouverez cent personnes qui seront plus dignes de vous. Premiérement, elle a les yeux petits.

CLEONTE.

Cela est vrai, elle a les yeux petits; mais elle les a pleins de feu, les plus brillans, les plus perçans du monde, les plus touchans qu'on puisse voir.

COVIELLE.

Elle a la bouche grande.

CLEONTE.

Oui; mais on y voit des graces qu'on ne voit point aux autres bouches; & cette bouche, en la voyant, inspire des desirs, elle est la plus atrayante, la plus amoureuse du monde.

COVIELLE.

Pour sa taille, elle n'est pas grande.

CLEONTE.

Non; mais elle est aisée, & bien prise.

COVIELLE.

Elle effecte une nonchalance dans son parler, & dans ses actions.

CLEONTE.

Il est vrai; mais elle a grace à tout cela; & ses manières sont engageantes, ont je ne sçais quel charme à s'insinuer dans les cœurs.

COVIELLE.

Pour de l'esprit....

CLEONTE.

Ah! elle en a, Covielle, du plus fin, du plus délicat.

COVIELLE.

Sa conversation....

CLEONTE.

COMEDIE.

CLEONTE.
Sa conversation est charmante.

COVIELLE.
Elle est toujours sérieuse.

CLEONTE.
Veux-tu de ces enjouemens épanouis, de ces joies toujours ouvertes ? Et vois-tu rien de plus impertinent que des femmes qui rient à tous propos ?

COVIELLE.
Mais enfin elle est capricieuse autant que personne du monde.

CLEONTE.
Oui, elle est capricieuse, j'en demeure d'accord ; mais tout sied bien aux belles, on souffre tout des belles.

COVIELLE.
Puisque cela va comme cela, je vois bien que vous avez envie de l'aimer toujours.

CLEONTE.
Moi ? J'aimerois mieux mourir ; & je vais la haïr autant que je l'ai aimée.

COVIELLE.
Le moyen, si vous la trouvez si parfaite ?

CLEONTE.
C'est en quoi ma vengeance sera plus éclatante, en quoi je veux faire mieux voir la force de mon cœur à la haïr, à la quitter toute belle, toute pleine d'attraits, toute aimable que je la trouve. La voici.

SCENE X.

LUCILE, CLÉONTE, COVIELLE, NICOLE.

NICOLE à Lucile.

Pour moi, j'en ai été toute scandalisée.

LUCILE.

Ce ne peut être, Nicole, que ce que je dis. Mais le voilà.

CLÉONTE à Covielle.

Je ne veux pas seulement lui parler.

COVIELLE.

Je veux vous imiter.

LUCILE.

Qu'est-ce donc, Cléonte, qu'avez-vous ?

NICOLE.

Qu'as-tu donc, Covielle ?

LUCILE.

Quel chagrin vos possede ?

NICOLE.

Quelle mauvaise humeur te tient ?

LUCILE.

Etes-vous muet, Cléonte ?

NICOLE.

As-tu perdu la parole, Covielle ?

CLÉONTE.

Que voilà qui est scélérat !

COVIELLE.

Que cela est judas !

LUCILE.

Je vois bien que la rencontre de tantôt a troublé votre esprit.

CLÉONTE à Covielle.

Ah, ah ! On voit ce qu'on a fait.

COMÉDIE.

NICOLE.

Notre accueil de ce matin t'a fait prendre la chévre.

COVIELLE *à Cléonte.*

On a deviné l'enclouûre.

LUCILE.

N'est-il pas vrai, Cléonte, que c'est-là le sujet de votre dépit ?

CLÉONTE.

Oui, perfide, ce l'est, puisqu'il faut parler; & j'ai à vous dire que vous ne triompherez pas, comme vous le pensez, de votre infidélité, que je veux être le premier à rompre avec vous ; & que vous n'aurez pas l'avantage de me chasser. J'aurai de la peine, sans doute, à vaincre l'amour que j'ai pour vous, cela me causera des chagrins, je souffrirai un tems ; mais j'en viendrai à bout, & je me percerai plutôt le cœur, que d'avoir la foiblesse de retourner à vous.

COVIELLE *à Nicole.*

Queussi, queumi.

LUCILE.

Voilà bien du bruit pour un rien. Je veux vous dire, Cléonte, le sujet qui m'a fait ce matin éviter votre abord.

CLEONTE *voulant s'en aller pour éviter Lucile.*

Non. Je ne veux rien écouter.

NICOLE *à Covielle.*

Je te veux apprendre la cause qui nous a fait passer si vîte.

COVIELLE *voulant aussi s'en aller pour éviter Nicole.*

Je ne veux rien entendre.

LUCILE *suivant Cléonte.*

Sçachez que ce matin...

CLEONTE *marchant toujours sans regarder Lucile.*

Non, vous dis-je.

NICOLE *suivant Covielle.*

Apprens que...

COVIELLE *marchant aussi sans regarder Nicole.*
Non, traîtresse.

LUCILE.
Ecoutez.

CLEONTE.
Point d'affaire.

NICOLE.
Laisse-moi dire.

COVIELLE.
Je suis sourd.

LUCILE.
Cléonte.

CLEONTE.
Non.

NICOLE.
Covielle.

COVIELLE.
Point.

LUCILE.
Arrêtez.

CLEONTE.
Chansons.

NICOLE.
Entends-moi.

COVIELLE.
Bagatelle.

LUCILE.
Un moment.

CLEONTE.
Point du tout.

NICOLE.
Un peu de patience.

COVIELLE.
Tarare.

LUCILE.
Deux paroles.

CLEONTE.
Non, c'en est fait.

COMEDIE.
NICOLE.
Un mot.
COVIELLE.
Plus de commerce.
LUCILE s'arrêtant.
Hé bien, puifque vous ne voulez pas m'écouter, demeurez dans votre penfée, & faites ce qu'il vous plaira.
NICOLE s'arrêtant auffi.
Puifque tu fais comme cela, prends-le comme tu voudras.
CLÉONTE se retournant vers Lucile.
Sçachons donc le fujet d'un fi bel accueil.
LUCILE s'en allant à fon tour pour éviter Cléonte.
Il ne me plaît plus de le dire.
COVIELLE se retournant vers Nicole.
Apprends-nous un peu cette hiftoire.
NICOLE s'en allant auffi pour éviter Covielle.
Je ne veux plus, moi, te l'apprendre.
CLÉONTE fuivant Lucile.
Dites-moi...
LUCILE marchant toujours fans regarder Cléonte.
Non, je ne veux rien dire.
COVIELLE fuivant Nicole.
Conte-moi...
NICOLE marchant auffi fans regard.r Covielle.
Non, je ne conte rien.
CLÉONTE.
De grace.
LUCILE.
Non, vous dis-je.
COVIELLE.
Par charité.
NICOLE.
Point d'affaire.
CLÉONTE.
Je vous en prie.

LUCILE.
Laissez-moi.
COVIELLE.
Je t'en conjure.
NICOLE.
Ote-toi delà.
CLÉONTE.
Lucile.
LUCILE.
Non.
COVIELLE.
Nicole.
NICOLE.
Point.
CLÉONTE.
Au nom des Dieux.
LUCILE.
Je ne veux pas.
COVIELLE.
Parle-moi.
NICOLE.
Point du tout.
CLÉONTE.
Eclaircissez mes doutes.
LUCILE.
Non, je n'en ferai rien.
COVIELLE.
Guéris-moi l'esprit.
NICOLE.
Non, il ne me plaît pas.
CLÉONTE.
Hé bien, puisque vous vous souciez si peu de me tirer de peine, & de vous justifier du traitement indigne que vous avez fait à ma flamme, vous me voyez, ingrate, pour la derniere fois ; & je vais, loin de vous, mourir de douleur & d'amour.
COVIELLE *à Nicole.*
Et moi, je vais suivre ses pas.

COMEDIE.

LUCILE *à Cléonte qui veut sortir.*

Cléonte.

NICOLE *à Covielle qui suit son Maître.*

Covielle.

CLEONTE *s'arrêtant.*

Hé ?

COVIELLE *s'arrêtant aussi.*

Plaît-il ?

LUCILE.

Où allez-vous ?

CLEONTE.

Où je vous ai dit.

COVIELLE.

Nous allons mourir.

LUCILE.

Vous allez mourir, Cléonte !

CLEONTE.

Oui, cruelle, puisque vous le voulez.

LUCILE.

Moi, je veux que vous mouriez !

CLEONTE.

Oui, vous le voulez.

LUCILE.

Qui vous le dit ?

CLEONTE *s'approchant de Lucile.*

N'est-ce pas le vouloir, que de ne vouloir pas éclaircir mes soupçons ?

LUCILE.

Est-ce ma faute ? Et, si vous aviez voulu m'écouter, ne vous aurois-je pas dit que l'aventure dont vous vous plaignez, a été causée ce matin, par la présence d'une vieille tante qui veut, à toute force, que la seule approche d'un homme déshonore une fille, qui perpétuellement nous sermonne sur ce chapitre ; & nous figure tous les hommes comme des diables qu'il faut fuir.

NICOLE *à Covielle.*

Voilà le secret de l'affaire.

K 4

CLEONTE.

Ne me trompez-vous point, Lucile ?

COVIELLE à Nicole.

Ne m'en donnes-tu point à garder ?

LUCILE à Cléonte.

Il n'est rien de plus vrai.

NICOLE à Covielle.

C'est la chose comme elle est.

COVIELLE à Cléonte.

Nous rendrons-nous à cela ?

CLEONTE.

Ah ! Lucile, qu'avec un mot de votre bouche vous sçavez appaiser de choses dans mon cœur ! Et que facilement on se laisse persuader aux personnes qu'on aime !

COVIELLE.

Qu'on est aisément amadoué par ces diantres d'animaux-là !

SCENE IX.

Madame JOURDAIN, CLÉONTE, LUCILE, COVIELLE, NICOLE.

Madame JOURDAIN.

Je suis bien-aise de vous voir, Cléonte, & vous voilà tout à propos. Mon mari vient, prenez vîte votre tems pour lui demander Lucile en mariage.

CLÉONTE.

Ah ! Madame, que cette parole m'est douce, & qu'elle flatte mes desirs ! Pouvois-je recevoir un ordre plus charmant, une faveur plus précieuse ?

SCENE X.

M. JOURDAIN, Madame JOURDAIN, CLÉONTE, LUCILE, COVIELLE, NICOLE.

CLÉONTE.

Monsieur, je n'ai voulu prendre personne pour vous faire une demande que je médite il y a long-tems. Elle me touche assez pour m'en charger moi-même ; & , sans autre détour, je vous dirai que l'honneur d'être votre gendre est une faveur glorieuse que je vous prie de m'accorder.

M. JOURDAIN.

Avant que de vous rendre réponse, Monsieur, je vous prie de me dire, si vous êtes Gentilhomme.

CLÉONTE.

Monsieur, la plupart des gens, sur cette question, n'hésitent pas beaucoup. On tranche le mot aisément. Ce nom ne fait aucun scrupule à prendre ; & l'usage aujourd'hui semble en autoriser le vol. Pour moi, je vous l'avoue, j'ai les sentimens, sur cette matiere, un peu plus délicats. Je trouve que toute imposture est indigne d'un honnête-homme ; & qu'il y a de la lâcheté à déguiser ce que le Ciel nous a fait naître, à se parer aux yeux du monde d'un titre dérobé, à se vouloir donner pour ce qu'on n'est pas. Je suis né de parens, sans doute, qui ont tenu des charges honorables ; je me suis acquis dans les armes l'honneur de six ans de service ; & je me trouve assez de bien, pour tenir dans le monde un rang assez passable ; mais, avec tout cela, je ne veux point me donner un nom où d'autres, en ma place, croiroient pouvoir prétendre ; & , je vous dirai, franchement, que je ne suis point Gentilhomme.

M. JOURDAIN.

Touchez-là, Monsieur, ma fille n'est pas pour vous.

CLEONTE.

Comment ?

M. JOURDAIN.

Vous n'êtes point Gentilhomme, vous n'aurez point ma fille.

Madame JOURDAIN.

Que voulez-vous donc dire avec votre Gentilhomme ? Est-ce que nous sommes, nous autres, de la côte de saint Louis ?

M. JOURDAIN.

Taisez-vous, ma femme, je vous vois venir.

Madame JOURDAIN.

Descendons-nous tous deux que de bonne bourgeoisie ?

M. JOURDAIN.

Voilà pas le coup de langue ?

Madame JOURDAIN.

Et votre pere n'étoit-il pas marchand aussi-bien que le mien ?

M. JOURDAIN.

Peste soit de la femme ! Elle n'y a jamais manqué. Si votre pere a été marchand, tant pis pour lui ; mais, pour le mien, ce sont des malavisés qui disent cela. Tout ce que j'ai à vous dire, moi, c'est que je veux avoir un gendre Gentilhomme.

Madame JOURDAIN.

Il faut à votre fille un mari qui lui soit propre ; & il vaut mieux, pour elle, un honnête-homme riche & bien fait, qu'un Gentilhomme gueux & mal bâti.

NICOLE.

Cela est vrai. Nous avons le fils d'un Gentilhomme de notre Village, qui est le plus grand malitorne, & le plus sot dadais que j'aie jamais vu.

M. JOURDAIN à Nicole.

Taisez-vous, impertinente. Vous vous fourrez toujours dans la conversation. J'ai du bien assez pour ma fille, je n'ai besoin que d'honneur, & je la veux faire Marquise.

Madame JOURDAIN.

Marquise?

M. JOURDAIN.

Oui, Marquise.

Madame JOURDAIN.

Hélas! Dieu m'en garde.

M. JOURDAIN.

C'est une chose que j'ai résolue.

Madame JOURDAIN.

C'est une chose, moi, où je ne consentirai point. Les alliances avec plus grand que soi sont sujettes toujours à de fâcheux inconvéniens. Je ne veux point qu'un gendre puisse à ma fille reprocher ses parens; & qu'elle ait des enfans qui aient honte de m'appeller leur grand'maman. S'il falloit qu'elle me vînt visiter en équipage de grand' Dame, & qu'elle manquât, par mégarde, à saluer quelqu'un du quartier, on ne manqueroit pas aussi-tôt de dire cent sottises. Voyez-vous, diroit-on, cette Madame la Marquise qui fait tant la glorieuse? C'est la fille de Monsieur Jourdain, qui étoit trop heureuse, étant petite, de jouer à la Madame avec nous. Elle n'a pas toujours été si relevée que la voilà; & ses deux grands-pères vendoient du drap auprès de la porte saint Innocent. Ils ont amassé du bien à leurs enfans qu'ils paient maintenant, peut-être bien cher en l'autre monde; & l'on ne devient gueres si riches à être honnêtes-gens. Je ne veux point tous ces caquets, & je veux un homme, en mot, qui m'ait obligation de ma fille, & à qui je puisse dire, mettez-vous-là, mon gendre, & dinez avec moi.

M. JOURDAIN.

Voilà bien les sentimens d'un petit esprit, de vouloir demeurer toujours dans la bassesse. Ne me repliquez pas davantage, ma fille sera Marquise en dépit de tout le monde; & si vous me mettez en colere, je la ferai Duchesse.

SCENE XIII.

Madame JOURDAIN, LUCILE, CLÉONTE, NICOLE, COVIELLE.

Madame JOURDAIN.

Cléonte, ne perdez point courage encore.
(*à Lucile.*)
Suivez-moi, ma fille; & venez dire, résolument, à votre pere que, si vous ne l'avez, vous ne voulez épouser personne.

SCENE XIV.

CLÉONTE, COVIELLE.

COVIELLE.

Vous avez fait de belles affaires avec vos beaux sentimens.

CLÉONTE.

Que veux-tu ? j'ai un scrupule, là-dessus, que l'exemple ne sçauroit vaincre.

COVIELLE.

Vous moquez-vous, de le prendre sérieusement avec un homme comme cela ? ne voyez-vous pas qu'il est fou ? & vous coutoit-il quelque chose de vous accommoder à ses chimeres ?

CLÉONTE.

Tu as raison; mais je ne croyois pas qu'il fallut faire ses preuves de noblesse pour être gendre de Monsieur Jourdain.

COMÉDIE.

COVIELLE riant.

Ah, ah, ah!

CLEONTE.

De quoi ris-tu?

COVIELLE.

D'une pensée qui me vient pour jouer notre homme, & vous faire obtenir ce que vous souhaitez.

CLEONTE.

Comment?

COVIELLE.

L'idée est tout-à-fait plaisante.

CLEONTE.

Quoi donc?

COVIELLE.

Il s'est fait, depuis peu, une certaine mascarade qui vient le mieux du monde ici, & que je prétends faire entrer dans une bourde que je veux faire à notre ridicule. Tout cela sent un peu sa Comédie; mais, avec lui, on peut hasarder toute chose, il n'y faut point chercher tant de façons; il est homme à y jouer son rôle à merveille, & à donner aisément dans toutes les fariboles qu'on s'avisera de lui dire. J'ai des Acteurs, j'ai les habits tout prêts, laissez-moi faire seulement.

CLEONTE.

Mais apprends-moi...

COVIELLE.

Je vais vous instruire de tout. Retirons-nous; le voilà qui revient.

SCENE XV.

M. JOURDAIN seul.

Que diable est-ce là? Ils n'ont rien que les grands Seigneurs à me reprocher; &, moi, je ne vois rien de si beau que de hanter les grands Seigneurs; il n'y a qu'honneur, & que civilité avec eux; & je voudrois qu'il m'eût coûté deux doigts de la main, & être né Comte, ou Marquis.

SCENE XVI.

M. JOURDAIN, UN LAQUAIS.

LE LAQUAIS.

Monsieur, voici Monsieur le Comte, & une Dame qu'il mene par la main.

M. JOURDAIN.

Hé, Mon Dieu! j'ai quelques ordres à donner. Dis-leur que je vais venir tout-à-l'heure.

SCENE XVII.

DORIMENE, DORANTE, LE LAQUAIS.

LE LAQUAIS.

Monsieur dit comme cela, qu'il va venir ici tout-à-l'heure.

DORANTE.

Voilà qui est bien.

COMEDIE.

SCENE XVIII.
DORIMENE, DORANTE.

DORIMENE.

Je ne sçais pas, Dorante, je fais encore ici une étrange démarche, de me laisser amener par vous dans une maison où je ne connois personne.

DORANTE.

Quel lieu voulez-vous donc, Madame, que mon amour choisisse pour vous régaler, puisque, pour fuir l'éclat, vous ne voulez ni votre maison, ni la mienne.

DORIMENE.

Mais, vous ne dites pas que je m'engage insensiblement chaque jour à recevoir de trop grands témoignages de votre passion. J'ai beau me défendre des choses, vous fatiguez ma résistance, & vous avez une civile opiniâtreté qui me fait venir doucement à tout ce qu'il vous plaît. Les visites fréquentes ont commencé, les déclarations sont venues ensuite, qui, après-elles, ont traîné les sérénades & les cadeaux, que les presens ont suivis. Je me suis opposée à tout cela, mais vous ne vous rebutez point; & pied à pied, vous gagnez mes résolutions. Pour moi, je ne puis plus répondre de rien; & je crois qu'à la fin vous me ferez venir au mariage, dont je me suis tant éloignée.

DORANTE.

Ma foi, Madame, vous y dévriez déjà être. Vous êtes veuve, & ne dépendez que de vous. Je suis maître de moi, & vous aime plus que ma vie. A quoi tient-il que, dès aujourd'hui, vous ne fassiez tout mon bonheur?

DORIMENE.

Mon Dieu ! Dorante, il faut des deux parts bien des qualités pour vivre heureusement ensemble ; & les deux plus raisonnables personnes du monde ont souvent peine à composer une union dont ils soient satisfaits.

DORANTE.

Vous vous moquez, Madame, de vous y figurer tant de difficultés ; & l'expérience que vous avez faite ne conclut rien pour tous les autres.

DORIMENE.

Enfin j'en reviens toujours-là. Les dépenses que je vous vois faire pour moi, m'inquiétent par deux raisons ; l'une, qu'elles m'engagent plus que je ne voudrois ; & l'autre, que je suis sûre, sans vous déplaire, que vous ne les faites point, que vous ne vous incommodiez, & je ne veux point cela.

DORANTE.

Ah, Madame, ce sont des bagatelles, & ce n'est pas par là...

DORIMENE.

Je sçais ce que je dis ; &, entr'autres, le diamant que vous m'avez forcée à prendre, est d'un prix....

DORANTE.

Hé, Madame, de grace, ne faites pas tant valoir une chose que mon amour trouve indigne de vous ; & souffrez.... Voici le maître du logis.

SCENE XIX.

M. JOURDAIN, DORIMENE, DORANTE.

M. JOURDAIN *après avoir fait deux révérences, se trouvant trop près de Dorimene.*

Un peu plus loin, Madame.

DORIMENE.

Comment?

M. JOURDAIN.

Un pas, s'il vous plaît.

DORIMENE.

Quoi donc?

M. JOURDAIN.

Reculez un peu pour la troisième.

DORANTE.

Madame, Monsieur Jourdain sçait son monde.

M. JOURDAIN.

Madame, ce m'est une gloire bien grande, de me voir assez fortuné, pour être si heureux, que d'avoir le bonheur, que vous ayez eu la bonté de m'accorder la grace, de me faire l'honneur, de m'honorer de la faveur de votre presence; &, si j'avois aussi le mérite pour mériter un mérite comme le vôtre, & que le Ciel... envieux de mon bien.... m'eût accordé.... l'avantage de me voir digne... des...

DORANTE.

Monsieur Jourdain, en voilà assez. Madame n'aime pas les grands complimens; & elle sçait que vous êtes *(bas à Dorimene.)* homme d'esprit. C'est un bon Bourgeois assez ridicule, comme vous voyez, dans toutes ses manieres.

DORIMENE *bas à Dorante.*

Il n'est pas mal aisé de s'en appercevoir.

LE BOURG. GENTILHOMME,

DORANTE.

Madame, voilà le meilleur de mes amis.

M. JOURDAIN.

C'est trop d'honneur que vous me faites.

DORANTE.

Galant homme tout-à-fait.

DORIMENE.

J'ai beaucoup d'estime pour lui.

M. JOURDAIN.

Je n'ai rien fait encore, Madame, pour mériter cette grace.

DORANTE *bas à M. Jourdain*.

Prenez bien garde, au moins, à ne lui point parler du diamant que vous lui avez donné.

M. JOURDAIN *bas à Dorante*.

Ne pourrois-je pas seulement lui demander comment elle le trouve?

DORANTE *bas à M. Jourdain*.

Comment? Gardez-vous-en bien. Cela seroit vilain à vous, &, pour agir en galant homme, il faut que vous fassiez comme si ce n'étoit pas vous qui lui

(*haut.*)

eussiez fait ce present. Monsieur Jourdain, Madame, dit qu'il est ravi de vous voir chez lui.

DORIMENE.

Il m'honore beaucoup.

M. JOURDAIN *bas à Dorante*.

Que je vous suis obligé, Monsieur, de lui parler ainsi pour moi!

DORANTE *bas à M. Jourdain*.

J'ai eu une peine effroyable à la faire venir ici.

M. JOURDAIN *bas à Dorante*.

Je ne sçais quelles graces vous en rendre.

DORANTE.

Il dit, Madame, qu'il vous trouve la plus belle personne du monde.

DORIMENE.

C'est bien de la grace qu'il me fait.

COMEDIE.

M. JOURDAIN.

Madame, c'est vous qui faites les graces, &...

DORANTE.

Songeons à manger.

SCENE XX.

M. JOURDAIN, DORIMENE, DORANTE, UN LAQUAIS.

LE LAQUAIS à M. Jourdain.

Tout est prêt Monsieur.

DORANTE.

Allons donc nous mettre à table, & qu'on fasse venir les Musiciens.

SCENE XXI.

ENTRÉE DE BALLET.

Six Cuisiniers, qui ont préparé le festin, dansent ensemble; après quoi ils apportent une table couverte de plusieurs mets.

Fin du troisieme Acte.

ACTE IV.

SCENE PREMIERE.

DORIMENE, M. JOURDAIN, DORANTE, TROIS MUSICIENS, UN LAQUAIS.

DORIMENE.

Comment, Dorante, voilà un repas tout-à-fait magnifique ?

M. JOURDAIN.

Vous vous moquez, Madame, & je voudrois qu'il fût plus digne de vous être offert.

(*Dorimene, Monsieur Jourdain, Dorante, & les trois Musiciens se mettent à table.*)

DORANTE.

Monsieur Jourdain a raison, Madame, de parler de la sorte ; & il m'oblige de vous faire si bien les honneurs de chez lui. Je demeure d'accord avec lui que le repas n'est pas digne de vous. Comme c'est moi qui l'ai ordonné, & que je n'ai pas sur cette matiere les lumieres de nos amis, vous n'avez pas ici un repas fort sçavant, & vous y trouverez des incongruités de bonne chere, & des barbarismes de bon goût. Si Damis s'en étoit mêlé, tout seroit dans les regles ; il y auroit par-tout de l'élégance & de l'érudition, & il ne manqueroit pas de vous exagérer lui-même toutes les pieces du repas qu'il vous donneroit, & de vous faire tomber d'accord de sa haute capacité dans la science des bons morceaux, de vous parler d'un pain de rive à bizeau doré, relevé de croûte

COMEDIE. 237

par-tout, croquant tendrement sous la dent ; d'un vin à séve veloutée, armé d'un vert qui n'est point trop commandant ; d'un quarré de mouton gourmandé de persil ; d'une longe de veau de riviere, longue comme cela, blanche, délicate, & qui, sous les dents, est une vraie pâte d'amande, de perdrix relevées d'un fumet surprenant ; & pour son opéra, d'une soupe à bouillon perlé, soutenue d'un jeune gros dindon, cantonnée de pigeonnaux, & couronnée d'oignons blancs mariée avec la chicorée. Mais, pour moi ; je vous avoue mon ignorance ; &, comme M. Jourdain a fort bien dit, je voudrois que le repas fût plus digne de vous être offert.

DORIMENE.
Je ne réponds à ce compliment, qu'en mangeant comme je fais.

M. JOURDAIN.
Ah ! Que voilà de belles mains !

DORIMENE.
Les mains sont médiocres, Monsieur Jourdain, mais vous voulez parler du diamant qui est fort beau.

M. JOURDAIN.
Moi, Madame ! Dieu me garde d'en vouloir parler. Ce ne seroit pas agir en galant homme ; & le diamant est fort peu de chose.

DORIMENE.
Vous êtes bien dégoûté.

M. JOURDAIN.
Vous avez trop de bonté....

DORANTE *après avoir fait signe à M. Jourdain.*
Allons, qu'on donne du vin à Monsieur Jourdain, & à ces Messieurs, qui nous feront la grace de nous chanter un air à boire.

DORIMENE.
C'est merveilleusement assaisonner la bonne chere, que d'y mêler la musique ; & je me vois ici admirablement régalée.

M. JOURDAIN.
Madame, ce n'est pas...

DORANTE.

Monsieur Jourdain, prêtons silence à ces Messieurs; ce qu'ils nous diront, vaudra mieux que tout ce que nous pourrions dire.

I. & II. MUSICIEN *ensemble*, *un verre à la main*.

UN petit doigt, Philis, pour commencer le tour;
 Ah! Qu'un verre en vos mains a d'agréables
  charmes!
 Vous & le vin, vous vous prêtez des armes,
Et je sens pour tous deux redoubler mon amour;
Entre lui, vous & moi, jurons, jurons, ma belle,
  Une ardeur éternelle.
Qu'en mouillant votre bouche il en reçoit d'attraits!
Et que l'on voit par lui votre bouche embellie!
 Ah! L'un de l'autre ils me donnent envie,
Et de vous & de lui je m'enivre à longs traits.
Entre lui, vous & moi, jurons, jurons, ma belle,
  Une ardeur éternelle.

II. & III. MUSICIEN *ensemble*.

BUvons, chers amis, buvons,
 Le tems qui fuit nous y convie;
  Profitons de la vie
  Autant que nous pouvons.

 Quand on a passé l'onde noire,
 Adieu le bon vin, nos amours;
  Dépêchons-nous de boire,
  On ne boit pas toujours.

 Laissons raisonner les sots
 Sur le vrai bonheur de la vie,
  Notre Philosophie
  Le met parmi les pots.

Les biens, le sçavoir & la gloire
N'ôtent point les soucis fâcheux;

COMÉDIE.

Et ce n'est qu'à bien boire
Que l'on peut être heureux.

TOUS TROIS ENSEMBLE.

Sus, sus du vin par-tout, versez, garçon, versez,
Versez, versez toujours, tant qu'on vous dise assez.

DORIMENE.

Je ne crois pas qu'on puisse mieux chanter, & cela est tout-à-fait beau.

M. JOURDAIN.

Je vois encore ici, Madame, quelque chose de plus beau.

DORIMENE

Ouais ! Monsieur Jourdain est galant plus que je ne pensois.

DORANTE.

Comment, Madame ? Pour qui prenez-vous Monsieur Jourdain ?

M. JOURDAIN.

Je voudrois bien qu'elle me prit pour ce que je dirois.

DORIMENE.

Encore ?

DORANTE.

Vous ne le connoissez pas.

M. JOURDAIN.

Elle me connoîtra quand il lui plaira.

DORIMENE.

Oh ! Je le quitte.

DORANTE.

Il est homme qui a toujours la riposte en main. Mais vous ne voyez pas que Monsieur Jourdain, Madame, mange tous les morceaux que vous avez touchés.

DORIMENE.

Monsieur Jourdain est un homme qui me ravit.

M. JOURDAIN.

Si je pouvois ravir votre cœur, je serois....

SCENE II.

MADAME JOURDAIN, M. JOURDAIN, DORIMENE, DORANTE, MUSICIENS, LAQUAIS.

Madame JOURDAIN.

AH, ah ! Je trouve ici bonne compagnie ; & je vois bien qu'on ne m'y attendoit pas. C'est donc pour cette belle affaire-ci, Monsieur mon mari, que vous avez eu tant d'empressement à m'envoyer dîner chez ma sœur ? Je viens de voir un théatre là-bas, & je vois ici un banquet à faire noces. Voilà comme vous dépensez votre bien, c'est ainsi que vous festinez les Dames en mon absence ; & que vous leur donnez la musique & la comédie, tandis que vous m'envoyez promener.

DORANTE.

Que voulez-vous dire, Madame Jourdain ? & quelles fantaisies sont les vôtres, de vous aller mettre en tête que votre mari dépense son bien, & que c'est lui qui donne ce régal à Madame ? Apprenez que c'est moi, je vous prie. Qu'il ne fait seulement que me prêter sa maison ; & que vous devriez un peu mieux regarder aux choses que vous dites.

M. JOURDAIN.

Oui, impertinentente, c'est Monsieur le Comte qui donne tout ceci à Madame, qui est une personne de qualité. Il me fait l'honneur de prendre ma maison, & de vouloir que je sois avec lui.

Madame JOURDAIN.

Ce sont des chansons que cela, je sçais ce que je sçais.

DORANTE.

Prenez, Madame Jourdain, prenez de meilleures lunettes.

COMÉDIE.

Madame JOURDAIN.

Je n'ai que faire de lunettes, Monsieur, & je vois assez clair, il y a long-tems que je sens les choses, & je ne suis pas une bête. Cela est fort vilain à vous, pour un grand Seigneur, de prêter la main, comme vous faites, aux sottises de mon mari. Et vous, Madame, pour une grande Dame, cela n'est ni beau, ni honnête à vous, de mettre de la dissension dans un ménage, & de souffrir que mon mari soit amoureux de vous.

DORIMENE.

Que veut donc dire tout ceci ? Allez, Dorante, vous vous moquez, de m'exposer aux sottes visions de cette extravagante.

DORANTE *suivant Dorimene qui sort.*

Madame, holà, Madame, où courez-vous ?

M. JOURDAIN.

Madame. Monsieur le Comte, faites-lui mes excuses, & tâchez de la ramener.

SCENE III.

MADAME JOURDAIN, MONSIEUR JOURDAIN, LAQUAIS.

M. JOURDAIN.

AH ! Impertinente que vous êtes, voilà de vos beaux faits. Vous me venez faire des affronts devant tout le monde ; & vous chassez de chez moi des personnes de qualité.

Madame JOURDAIN.

Je me moque de leur qualité.

M. JOURDAIN.

Je ne sçais qui me tient, maudite, que je ne vous fende la tête avec les pieces du repas que vous êtes venues troubler.

(Les Laquais emportent la table.)

Tome VI.   L

Madame JOURDAIN *sortant*.

Je me moque de cela. Ce sont mes droits que je défends ; & j'aurai pour moi toutes les femmes.

M. JOURDAIN.

Vous faites bien d'éviter ma colere.

SCENE IV.

MONSIEUR JOURDAIN *seul*.

Elle est arrivée bien malheureusement. J'étois en humeur de dire de jolies choses ; & jamais je ne m'étois senti tant d'esprit. Qu'est-ce que c'est que cela ?

SCENE V.

M. JOURDAIN, COVIELLE *déguisé*.

COVIELLE.

Monsieur, je ne sçais pas si j'ai l'honneur d'être connu de vous.

M. JOURDAIN.

Non, Monsieur.

COVIELLE *étendant la main à un pied de terre*.
Je vous ai vu que vous n'étiez pas plus grand que cela.

M. JOURDAIN.

Moi ?

COVIELLE.

Oui. Vous étiez le plus bel enfant du monde, & toutes les Dames vous prenoient dans leurs bras pour vous baiser.

COMEDIE.

M. JOURDAIN.
Pour me baiser?

COVIELLE.
Oui. J'étois grand ami de feu Monsieur votre pere.

M. JOURDAIN.
De feu Monsieur mon pere?

COVIELLE.
Oui. C'étoit un fort honnête Gentilhomme.

M. JOURDAIN.
Comment dites-vous?

COVIELLE.
Je dis que c'étoit un fort honnête Gentilhomme.

M. JOURDAIN.
Mon pere?

COVIELLE.
Oui.

M. JOURDAIN.
Vous l'avez fort connu?

COVIELLE.
Assurément.

M. JOURDAIN.
Et vous l'avez connu pour Gentilhomme?

COVIELLE.
Sans doute.

M. JOURDAIN.
Je ne sçais donc pas comment le monde est fait.

COVIELLE.
Comment?

M. JOURDAIN.
Il y a de sottes gens qui me veulent dire qu'il a été marchand.

COVIELLE.
Lui, marchand? C'est pure médisance, il ne l'a jamais été. Tout ce qu'il faisoit, c'est qu'il étoit fort obligeant, fort officieux; &, comme il se connoissoit fort bien en étoffes, il en alloit choisir de tous les côtés, les faisoit apporter chez lui, & en donnoit à ses amis pour de l'argent.

L 2

M. JOURDAIN.

Je fuis ravi de vous connoître, afin que vous rendiez ce témoignage-là, que mon pere étoit Gentilhomme.

COVIELLE.

Je le foutiendrai devant tout le monde.

M. JOURDAIN.

Vous m'obligerez. Quel fujet vous amene?

COVIELLE.

Depuis avoir connu feu Monfieur votre pere, honnête Gentilhomme, comme je vous ai dit, j'ai voyagé par tout le monde.

M. JOURDAIN.

Par tout le monde?

COVIELLE.

Oui.

M. JOURDAIN.

Je penfe qu'il y a bien loin en ce pays-là.

COVIELLE.

Affurément. Je ne fuis revenu de tous mes longs voyages que depuis quatre jours; &, par l'intérêt que je prends à tout ce qui vous touche, je viens vous annoncer la meilleure nouvelle du monde.

M. JOURDAIN.

Quelle?

COVIELLE.

Vous fçavez que le fils du grand Turc eft ici.

M. JOURDAIN.

Moi? Non.

COVIELLE.

Comment! Il a un train tout-à-fait magnifique; tout le monde le va voir, & il a été reçu en ce pays comme un Seigneur d'importance.

M. JOURDAIN.

Par ma foi, je ne fçavois pas cela.

COVIELLE.

Ce qu'il y a davantageux pour vous, c'eft qu'il eft amoureux de votre fille.

COMEDIE.

M. JOURDAIN.

Le fils du grand Turc ?

COVIELLE.

Oui ; & il veut être votre gendre.

M. JOURDAIN.

Mon gendre, le fils du grand Turc.

COVIELLE.

Le fils du grand Turc votre gendre. Comme je le fus voir, & que j'entends parfaitement sa langue, il s'entretint avec moi ; &, après quelques autres discours, il me dit : *Acciam croc soler onch alla moustaph gidélum amanahem oussere carbulath.* C'est-à-dire, n'as-tu pas vu une jeune belle personne, qui est la fille de Monsieur Jourdain, Gentilhomme Parisien ?

M. JOURDAIN.

Le fils du grand Turc dit cela de moi ?

COVIELLE.

Oui. Comme je lui eus répondu que je vous connoissois particuliérement, & que j'avois vu votre fille. Ah ! me dit-il, *marababa sahem !* c'est-à-dire, Ah ! que je suis amoureux d'elle ?

M. JOURDAIN.

Marababa sahem, veut dire, Ah, que je suis amoureux d'elle !

COVIELLE.

Oui.

M. JOURDAIN.

Par ma foi, vous faites bien de me le dire ; car, pour moi, je n'aurois jamais cru que *marababa sahem* eût voulu dire, ah, que je suis amoureux d'elle ! Voilà une langue admirable que ce Turc !

COVIELLE.

Plus admirable qu'on ne peut croire. Sçavez-vous bien ce que veut dire, *caracacamouchen ?*

M. JOURDAIN.

Caracacamouchen ? Non.

COVIELLE.

C'est-à-dire, ma chere ame.

M. JOURDAIN.

Caracacamouchen veut dire, ma chere ame?

COVIELLE.

Oui.

M. JOURDAIN.

Voilà qui est merveilleux! *Caracacamouchen*, ma chere ame. Diroit-on jamais cela? Voilà qui me confond.

COVIELLE.

Enfin pour achever mon ambassade, il vient vous demander votre fille en mariage; &, pour avoir un beau-pere qui soit digne de lui, il veut vous faire *Mamamouchi*, qui est une certaine grande dignité de son pays.

M. JOURDAIN.

Mamamouchi?

COVIELLE.

Oui, *Mamamouchi*; c'est-à-dire en notre langue, Paladin. Paladin, ce sont de ces anciens... Paladin enfin. Il n'y a rien de plus noble que cela dans le monde; & vous irez de pair avec les plus grands Seigneurs de la terre.

M. JOURDAIN.

Le fils du grand Turc m'honore beaucoup; & je vous prie de me mener chez lui, pour lui faire mes remercimens.

COVIELLE.

Comment! Le voilà qui va venir ici.

M. JOURDAIN.

Il va venir ici?

COVIELLE.

Oui; & il amene toutes choses pour la cérémonie de votre dignité.

M. JOURDAIN.

Voilà qui est bien prompt.

COVIELLE.

Son amour ne peut souffrir aucun retardement.

COMÉDIE.

M. JOURDAIN.

Tout ce qui m'embarrasse ici, c'est que ma fille est une opiniâtre, qui s'est allé mettre en tête un certain Cléonte; & elle jure de n'épouser personne que celui-là.

COVIELLE.

Elle changera de sentiment, quand elle verra le fils du grand Turc; & puis il se rencontre ici une aventure merveilleuse, c'est que le fils du grand Turc ressemble à ce Cléonte, à peu de chose près. Je viens de le voir, on me l'a montré; & l'amour qu'elle a pour l'un pourra passer aisément à l'autre, &...... Je l'entends venir; le voilà.

SCENE VI.

CLEONTE *en Turc,* **TROIS PAGES** *portant la veste de Cléonte,* **MONSIEUR JOURDAIN, COVIELLE.**

CLEONTE.

Amboufahim oqui boraf, Giourdina, salaméqui.

COVIELLE *à M. Jourdain.*

C'est-à-dire, Monsieur Jourdain, votre cœur soit toute l'année comme un rosier fleuri. Ce sont façons de parler obligeantes de ce pays-là.

M. JOURDAIN.

Je suis très-humble serviteur de son Altesse Turque.

COVIELLE.

Carigar camboto oustin moraf.

CLEONTE.

Oustin yoc catamaléqui basum base alla moran.

COVIELLE.

Il dit que le Ciel vous donne la force des lions, & la prudence des serpens.

M. JOURDAIN.
Son Altesse Turque m'honore trop ; & je lui souhaite toutes sortes de prospérités.

COVIELLE.
Ossa binamen sadoc baballi oracaf ouram.

CLEONTE.
Bel-men.

COVIELLE.
Il dit que vous alliez vîte avec lui vous préparer pour la cérémonie, afin de voir ensuite votre fille, & de conclure le mariage.

M. JOURDAIN.
Tant de choses en deux mots ?

COVIELLE.
Oui. La langue Turque est comme cela ; elle dit beaucoup en peu de paroles. Allez vîte où il souhaite.

SCENE VII.
COVIELLE seul.

AH, ah, ah ! Ma foi, cela est tout-à-fait drôle. Quelle dupe ! Quand il auroit appris son rôle par cœur, il ne pourroit pas le mieux jouer. Ah, ah !

SCENE VIII.
DORANTE, COVIELLE.

COVIELLE.
JE vous prie, Monsieur, de nous vouloir aider céans dans une affaire qui s'y passe.

DORANTE.
Ah, ah ! Covielle, qui t'auroit reconnu ? Comme te voilà ajusté !

COMEDIE.

COVIELLE.
Vous voyez. Ah, ah, ah!

DORANTE.
De quoi ris-tu?

COVIELLE.
D'une chose, Monsieur, qui le mérite bien.

DORANTE.
Comment?

COVIELLE.
Je vous le donnerois en bien des fois, Monsieur, à deviner le stratagême dont nous nous servons auprès de Monsieur Jourdain, pour porter son esprit à donner sa fille à mon maître.

DORANTE.
Je ne devine point le stratagême; mais je devine qu'il ne manquera pas de faire son effet, puisque tu l'entreprens.

COVIELLE.
Je sçais, Monsieur, que la bête vous est connue.

DORANTE.
Apprens-moi ce que c'est.

COVIELLE.
Prenez la peine de vous tirer un peu plus loin, pour faire place à ce que j'apperçois venir. Vous pourrez voir une partie de l'histoire, tandis que je vous conterai le reste.

SCENE IX.

CÉRÉMONIE TURQUE.

LE MUPHTI, DERVIS, TURCS, *assistans du Muphti, chantans & dansans.*

PREMIÈRE ENTRÉE DE BALLET.

Six *Turcs* entrent gravement deux à deux, au son des instrumens. Ils portent trois tapis qu'ils levent fort haut, après en avoir fait, en dansant, plusieurs figures. Les Turcs chantans passent par-dessous ces tapis, pour s'aller ranger aux deux côtés du Théatre. Le Muphti, accompagné des Dervis, ferme cette marche.

Alors les Turcs étendent les tapis par terre, & se mettent dessus à genoux. Le Muphti & les Dervis restent debout au milieu d'eux; &, pendant que le Muphti invoque Mahomet, en faisant beaucoup de contorsions & de grimaces sans proférer une seule parole; les Turcs assistans se prosternent jusqu'à terre, chantant, alli, levent les bras au Ciel, en chantant, allà, ce qu'ils continuent jusqu'à la fin de l'invocation, après laquelle ils se levent tous, chantant, alla ekber; & deux Dervis vont chercher Monsieur Jourdain.

COMEDIE. 251

SCENE X.

LE MUPHTI, DERVIS, TURCS *chantans & dansans*, M. JOURDAIN *vêtu à la Turque, la tête rasée, sans turban & sans sabre.*

LE MUPHTI à *M. Jourdain.*

SE ti sabir,
Ti respondir ;
Sé non sabir,
Tazir, tazir.

Mi star Muphti,
Ti qui star ti
Non intendir ;
Tazir, tazir.

(*Deux Dervis font retirer M. Jourdain.*)

SCENE XI.

LE MUPHTI, DERVIS, TURCS *chantans & dansans.*

LE MUPHTI.

Dicé, Turqué, qui star quista.
Anabatista ? Anabatista ?

LES TURCS,
Ioc.

LE MUPHTI.
Zuinglista ?

LES TURCS.
Ioc.

L 6

LE MUPHTI.
Coffita ?
LES TURCS.
Ioc.
LE MUPHTI.
Hussita ? Morista ? Fronista ?
LES TURCS.
Ioc, ioc, ioc.
LE MUPHTI.
Ioc, ioc, ioc. Star Pagana ?
LES TURCS.
Ioc.
LE MUPHTI.
Lutérana ?
LES TURCS.
Ioc.
LE MUPHTI.
Puritana ?
LES TURCS.
Ioc.
LE MUPHTI.
Bramina ? Moffina ? Zurina ?
LES TURCS.
Ioc, ioc, ioc.
LE MUPHTI.
Ioc, ioc, ioc. Mahamétana, Mahamétana ?
LES TURCS.
Hi valla. Hi valla.
LE MUPHTI.
Como chamara ! Como chamara ?
LES TURCS.
Giourdina, Giourdina.
LE MUPHTI *sautant*.
Giourdina ? Giourdina ? Giourdina ?
LES TURCS.
Giourdina ? Giourdina ? Giourdina.
LE MUPHTI.
Mahaméta, per Giourdina.

COMEDIE.

Mi prégar sera é matina,
Voler far un Paladina
De Giourdina, de Giourdina;
Dar turbanta, é dar scarrina,
Con galera, é brigantina,
Per deffender Palestina.
Mahameta, per Giourdina,
Mi prégar sera é matina.
  (*aux Turcs.*)
Star bon Turca Giourdina?
  LES TURCS.
Hi valla. Hi valla.
  LE MUPHTI *chantant & dansant.*
Ha la ba, ba la chou, ba la ba, ba la da.
  LES TURCS.
Ha la ba, ba la chou, ba la ba, ba la da.

SCENE XII.

TURCS *chantans & dansans.*

II. ENTRÉE DE BALLET.

SCENE XIII.

LE MUPHTI, DERVIS, MONSIEUR JOURDAIN, TURCS *chantans & dansans.*

Le Muphti revient coëffé avec son Turban de cérémonie, qui est d'une grosseur démesurée, & garni de bougies allumées à quatre ou cinq rangs ; il est accompagné de deux Dervis qui portent l'alcoran, & qui ont des bonnets pointus, garnis aussi de bougies allumées.

Les deux autres Dervis emmenent M. Jourdain, & le font mettre à genoux les mains par terre, de façon que son dos, sur lequel est mis l'Alcoran, sert de pupitre au Muphti, qui fait une seconde invocation burlesque, fronçant le sourcil, frappant de tems en tems sur l'Alcoran, & tournant les feuillets avec précipitation; après quoi, en levant le bras au Ciel, le Muphti crie à haute voix, Hou.

Pendant cette seconde invocation, les Turcs assistans s'inclinant, & se relevant alternativement, chantent aussi, Hou, hou, hou.

M. JOURDAIN *après qu'on lui a ôté l'Alcoran de dessus le dos.*

Ouf.

LE MUPHTI *à M. Jourdain.*

Ti non star furba?

LES TURCS.

No, no, no.

LE MUPHTI.

Non star forfanta?

LES TURCS.

No, no, no.

LE MUPHTI *aux Turcs.*

Donar turbanta.

LES TURCS.

Ti non star furba?

No, no, no.

Non star forfanta?

No, no, no.

Donar turbanta.

Les Turcs dansans mettent le Turban sur la tête de M. Jourdain.

LE MUPHTI *donnant le sabre à M. Jourdain.*

Ti star nobile, non star fabbola.

Pigliar schiabbola.

LES TURCS *mettant le sabre à la main.*

Ti star nobile, non star fabbola.

Pigliar schiabbola.

COMEDIE. 255

Les Turcs dansans donnant plusieurs coups de sabre à M. Jourdain.

LE MUPHTI

Dara, dara.
Bastonnara.

LES TURCS

Dara, dara.
Bastonnara.

Les Turcs dansans donnent à M. Jourdain les coups de bâton en cadence.

LE MUPHTI.

Non tener honta
Questa star l'ultima affronta.

LES TURCS.

Non tener honta
Questa star l'ultima affronta.

Le Muphti commence une troisieme invocation. Les Dervis le soutiennent pardessous les bras avec respect; après quoi les Turs chantans & dansans au son de plusieurs instrumens se retirent avec le Muphti.

Fin du quatrieme Acte.

ACTE V.

SCENE PREMIERE.

Madame JOURDAIN, M. JOURDAIN.

Madame JOURDAIN.

AH, mon Dieu ! Miséricorde ! Qu'est-ce que c'est donc que tout cela ? Quelle figure ! Est-ce un momon que vous allez porter, & est-il tems d'aller en masque ? Parlez donc, & qu'est-ce que c'est que ceci ? Qui vous a fagoté comme cela ?

M. JOURDAIN.

Voyez l'impertinence, de parler comme cela à un *Mamamouchi*.

Madame JOURDAIN.

Comment donc ?

M. JOURDAIN.

Oui, il me faut porter du respect maintenant, & l'on vient de me faire *Mamamouchi*.

Madame JOURDAIN.

Que voulez-vous dire avec votre *Mamamouchi* ?

M. JOURDAIN.

Mamamouchi, vous dis-je. Je suis *Mamamouchi*.

Madame JOURDAIN.

Quelle bête est-ce-là.

M. JOURDAIN.

Mamamouchi, c'est-à-dire en notre langue, Paladin.

Madame JOURDAIN.

Baladin ? Etes-vous en âge de danser des Ballets ?

M. JOURDAIN.

Quelle ignorante ! Je dis Paladin ; c'est une dignité dont on vient de me faire la cérémonie.

COMEDIE.

Madame JOURDAIN.
Quelle cérémonie donc?

M. JOURDAIN.
Mahameta, per Giourdina.

Madame JOURDAIN.
Qu'est ce que cela veut dire?

M. JOURDAIN.
Giourdina, c'est-à-dire, Jourdain.

Madame JOURDAIN.
Hé bien, quoi, Jourdain?

M. JOURDAIN.
Voler far un Paladina de Giourdina.

Madame JOURDAIN.
Comment?

M. JOURDAIN.
Dar turbanta con galera.

Madame JOURDAIN.
Qu'est-ce à dire cela?

M. JOURDAIN.
Per deffender Palestina.

Madame JOURDAIN.
Que voulez-vous donc dire?

M. JOURDAIN.
Dara, dara, bastonara.

Madame JOURDAIN.
Qu'est-ce donc que ce jargon-là?

M. JOURDAIN.
Non tener honta, questa star l'ultima affronta.

Madame JOURDAIN.
Qu'est-ce donc que tout cela?

M. JOURDAIN *chantant & dansant.*
Hou la ba, ba la chou, ba la ba, ba la da.
(*Il tombe par terre.*)

Madame JOURDAIN.
Hélas, mon Dieu! mon mari est devenu fou.

M. JOURDAIN *se relevant & s'en allant.*
Paix, insolente. Portez respect à Monsieur le Mamamouchi.

Madame JOURDAIN *seule.*

Où est-ce qu'il a donc perdu l'esprit? Courons l'em-
(*appercevant Dorimene & Dorante.*)
pêcher de sortir. Ah, ah! voici justement le reste
de notre écu. Je ne vois que chagrin de tous côtés.

SCENE II.

DORANTE, DORIMENE.

DORANTE.

Oui, Madame, vous verrez la plus plaisante chose qu'on puisse voir; & je ne crois pas que dans tout le monde il soit possible de trouver encore un homme aussi fou que celui-là. Et puis, Madame, il faut tâcher de servir l'amour de Cléonte, & d'appuyer toute sa mascarade. C'est un fort galant homme, & qui mérite que l'on s'intéresse pour lui.

DORIMENE.

J'en fais beaucoup de cas, & il est digne d'une bonne fortune.

DORANTE.

Outre cela, nous avons ici, Madame, un Ballet qui nous revient, que nous ne devons pas laisser perdre; & il faut bien voir si mon idée pourra réussir.

DORIMENE.

J'ai vu là des apprêts magnifiques, & ce sont des choses, Dorante, que je ne puis plus souffrir. Oui, je veux enfin vous empêcher vos profusions; &, pour rompre le cours à toutes les dépenses que je vous vois faire pour moi, j'ai résolu de me marier promptement avec vous. C'en est le vrai secret; & toutes ces choses finissent avec le mariage.

COMEDIE.

DORANTE.

Ah! Madame est-il possible que vous ayez pu prendre pour moi une si douce résolution?

DORIMENE.

Ce n'est que pour vous empêcher de vous ruiner; & sans cela, je vois bien qu'avant qu'il fût peu, vous n'auriez pas un sou.

DORANTE.

Que j'ai d'obligation, Madame aux soins que vous avez de conserver mon bien! il est entiérement à vous, aussi-bien que mon cœur; & vous en userez de la façon qu'il vous plaira.

DORIMENE.

J'userai bien de tous les deux. Mais voici votre homme; la figure en est admirable.

SCENE III.
M. JOURDAIN, DORIMENE, DORANTE.

DORANTE.

Monsieur, nous venons rendre hommage, Madame & moi, à votre nouvelle dignité; & nous réjouir avec vous du mariage que vous faites de votre fille avec le fils du grand Turc.

M. JOURDAIN *après avoir fait les révérences à la Turque.*

Monsieur, je vous souhaite la force des serpens, & la prudence des lions.

DORIMENE.

J'ai été bien-aise d'être des premiers, Monsieur, à venir vous féliciter du haut dégré de gloire où vous êtes monté.

M. JOURDAIN.

Madame, je vous souhaite toute l'année votre rofief fleuri. Je vous suis infiniment obligé de prendre part aux honneurs qui m'arrivent ; & j'ai beaucoup de joie de vous voir revenue ici pour vous faire les très-humbles excuses de l'extravagance de ma femme.

DORIMENE.

Cela n'est rien, j'excuse en elle un pareil mouvement, votre cœur lui doit être précieux ; & il n'est pas étrange que la possession d'un homme, comme vous, puisse inspirer quelques allarmes.

M. JOURDAIN.

La possession de mon cœur est une chose qui vous est toute acquise.

DORANTE.

Vous voyez, Madame, que Monsieur Jourdain n'est pas de ces gens que les prospérités aveuglent; & qu'il sçait, dans sa grandeur, connoître encore ses amis.

DORIMENE.

C'est la marque d'une ame tout-à-fait généreuse.

DORANTE.

Où est donc son Altesse Turque ? nous voudrions bien, comme vos amis, lui rendre nos devoirs.

M. JOURDAIN.

Le voilà qui vient; & j'ai envoyé querir ma fille pour lui donner la main.

COMEDIE.

SCENE IV.

M. JOURDAIN, DORIMENE, DORANTE, CLEONTE *habillé en Turc.*

DORANTE *à Cléonte.*

MOnsieur, nous venons faire la révérence à votre Altesse, comme amis de Monsieur votre beaupere; & l'assûrer, avec respect, de nos très-humbles services.

M. JOURDAIN.

Où est le truchement, pour lui dire qui vous êtes, & lui faire entendre ce que vous dites ? vous verrez qu'il vous répondra, & il parle Turc à merveille.
(à Cléonte)
Hola. Où diantre est-il allé ? *Strouf, strif, strof, straf.* Monsieur est un *grande Segnore, grande Segnore, grande Segnore*; & Madame une *granda Dama, granda Dama. (Voyant qu'il ne se fait point entendre.)*
(montrant Dorante.)
Monsieur, lui, *Mamamouchi* François; & Madame, *Mamamouchi* Françoise. Je ne puis pas parler plus clairement. Bon, voici l'interprète.

SCENE V.

M. JOURDAIN, DORIMENE, DORANTE, CLEONTE *habillé en Turc,* **COVIELLE,** *déguisé.*

M. JOURDAIN.

OU allez-vous donc ? nous ne sçaurions rien dire sans vous. *(montrant Cléonte.)* Dites-lui un peu que Monsieur & Madame sont des personnes

LE BOURG. GENTILHOMME,

de grande qualité, qui lui viennent faire la révérence, comme mes amis, & l'assurer de leurs services.

(*à Dorimene & à Dorante.*)

Vous allez voir comme il va répondre.

COVIELLE.

Alabala crociam acci boram alabamen.

CLEONTE.

Catalé qui tubal ourin soter amalouchan.

M. JOURDAIN *à Dorimene & à Dorante.*

Voyez-vous.

COVIELLE.

Il dit que la pluie des prospérités arrose en tout tems le jardin de votre famille.

M. JOURDAIN.

Je vous l'avois bien dit qu'il parle Turc.

DORANTE.

Cela est admirable.

SCENE VI.

LUCILE, CLEONTE, M. JOURDAIN, DORIMENE, DORANTE, COVIELLE.

M. JOURDAIN.

Venez, ma fille, approchez-vous ; & venez donner la main à Monsieur, qui vous fait l'honneur de vous demander en mariage.

LUCILE.

Comment, mon pere ? comme vous voilà fait ; Est-ce une Comédie que vous jouez ?

M. JOURDAIN.

Non, non, ce n'est pas une Comédie, c'est une

COMÉDIE. 263

affaire fort sérieuse; & la plus pleine d'honneur
(*montrant Cléonte.*)
pour vous qui se peut souhaiter. Voilà le mari que
je vous donne.

LUCILE.
A moi, mon pere ?

M. JOURDAIN.
Oui, à vous. Allons, touchez-lui dans la main, &
rendez graces au Ciel de votre bonheur.

LUCILE.
Je ne veux point me marier.

M. JOURDAIN.
Je le veux, moi, qui suis votre pere.

LUCILE.
Je n'en ferai rien.

M. JOURDAIN.
Ah ! que de bruit ! allons, vous dis-je. Çà, votre
main.

LUCILE.
Non, mon pere, je vous l'ai dit, il n'est point de
pouvoir qui me puisse obliger à prendre un autre
mari que Cléonte, & je me résoudrai plutôt à toutes
(*reconnoissant Cléonte.*)
les extrêmités, que de..... Il est vrai que vous êtes
mon pere, je vous dois entierement obéissance ; &
c'est à vous à disposer de moi selon vos volontés.

M. JOURDAIN.
Ah ! Je suis ravi de vous voir si promptement revenue dans votre devoir ; & voilà qui me plaît,
d'avoir une fille obéissante.

SCENE DERNIERE.

Madame JOURDAIN, CLEONTE, M. JOURDAIN, LUCILE, DORANTE, DORIMENE, COVIELLE.

Madame JOURDAIN.

Comment donc? Qu'est-ce que c'est que ceci? On dit que vous voulez donner votre fille en mariage à un Carême-prenant.

M. JOURDAIN.

Voulez-vous vous taire impertinente? vous venez toujours mêler vos extravagances à toutes choses, & il n'y a pas moyen de vous apprendre à être raisonnable.

Madame JOURDAIN.

C'est vous qu'il n'y a pas moyen de rendre sage, & vous allez de folie en folie. Quel est votre dessein, & que voulez-vous faire avec cet assemblage?

M. JOURDAIN.

Je veux marier notre fille avec le fils du Grand Turc.

Madame JOURDAIN.

Avec le fils du Grand Turc?

M. JOURDAIN.

(montrant Covielle.)

Oui. Faites-lui faire vos complimens par le truchement que voilà.

Madame JOURDAIN.

Je n'ai que faire de truchement, & je lui dirai bien moi-même, à son nez, qu'il n'aura point ma fille.

M. JOURDAIN.

Voulez-vous vous taire, encore une fois?

DORANTE.

COMEDIE.

DORANTE.
Comment, Madame Jourdain, vous vous opposez à un honneur comme celui-là ? Vous refusez son Alteſſe Turque pour gendre?

Madame JOURDAIN.
Mon Dieu ! Monſieur, mêlez-vous de vos affaires.

DORIMENE.
C'eſt une grande gloire qui n'eſt pas à rejetter.

Madame JOURDAIN.
Madame, je vous prie auſſi de ne vous point embarraſſer de ce qui ne vous touche pas.

DORANTE.
C'eſt l'amitié que nous avons pour vous, qui nous fait intéreſſer dans vos avantages.

Madame JOURDAIN.
Je me paſſerai bien de votre amitié.

DORANTE.
Voilà votre fille qui conſent aux volontés de ſon pere.

Madame JOURDAIN.
Ma fille conſent à épouſer un Turc ?

DORANTE.
Sans doute.

Madame JOURDAIN.
Elle peut oublier Cléonte ?

DORANTE.
Que ne fait-on pas pour être grand'Dame !

Madame JOURDAIN.
Je l'étranglerois de mes mains, ſi elle avoit fait un coup comme celui-là.

M. JOURDAIN.
Voilà bien du caquet. Je vous dis que ce mariage-là ſe fera.

Madame JOURDAIN.
Je vous dis, moi, qu'il ne ſe fera point.

M. JOURDAIN.
Ah, que bruit !

Tome VI. M

LUCILE.

Ma mere.

Madame JOURDAIN.

Allez, vous êtes une coquine.

M. JOURDAIN à Madame Jourdain.

Quoi ! Vous la querellez de ce qu'elle m'obéit ?

Madame JOURDAIN.

Oui. Elle est à moi, aussi-bien qu'à vous.

COVIELLE à Madame Jourdain.

Madame.

Madame JOURDAIN.

Que me voulez-vous conter, vous ?

COVIELLE.

Un mot.

Madame JOURDAIN.

Je n'ai que faire de votre mot.

COVIELLE à M. Jourdain.

Monsieur, si elle veut écouter une parole en particulier, je vous promets de la faire consentir à ce que vous voulez.

Madame JOURDAIN.

Je n'y consentirai point.

COVIELLE.

Ecoutez-moi seulement.

Madame JOURDAIN.

Non.

M. JOURDAIN à Madame Jourdain.

Ecoutez-le.

Madame JOURDAIN.

Non, je ne veux pas l'écouter.

M. JOURDAIN.

Il vous dira...

Madame JOURDAIN.

Je ne veux point qu'il me dise rien.

M. JOURDAIN.

Voilà une grande obstination de femme ! Cela vous feroit-il mal de l'entendre ?

COVIELLE.
Ne faites que m'écouter ; vous ferez après ce qu'il vous plaira.

Madame JOURDAIN.
Hé bien, quoi ?

COVIELLE *bas à Madame Jourdain.*
Il y a une heure, Madame, que nous vous faisons signe. Ne voyez-vous pas bien que tout ceci n'est fait que pour nous ajuster aux visions de votre mari, que nous l'abusons sous ce déguisement ; & que c'est Cléonte lui-même qui est le fils du Grand Turc.

Madame JOURDAIN *bas à Covielle.*
Ah, ah !

COVIELLE *bas à Madame Jourdain.*
Et moi, Covielle, qui suis le truchement.

Madame JOURDAIN *bas à Covielle.*
Ah ! Comme cela, je me rends.

COVIELLE *bas à Madame Jourdain.*
Ne faites pas semblant de rien.

Madame JOURDAIN *haut.*
Oui. Voilà qui est fait ; je consens au mariage.

M. JOURDAIN.
Ah ! Voilà tout le monde raisonnable.

(à Madame Jourdain.)

Vous ne vouliez pas l'écouter. Je sçavois bien qu'il vous expliqueroit ce que c'est que le fils du Grand Turc.

Madame JOURDAIN.
Il me l'a expliqué comme il faut ; & j'en suis satisfaite. Envoyons querir un Notaire.

DORANTE.
C'est fort bien dit. Et afin, Madame Jourdain, que vous puissiez avoir l'esprit tout-à-fait content, & que vous perdiez aujourd'hui toute la jalousie que vous pourriez avoir conçue de Monsieur votre mari, c'est que nous nous servirons du même Notaire pour nous marier Madame & moi.

Madame JOURDAIN.

Je consens aussi à cela.

M. JOURDAIN *bas à Dorante.*

C'est pour lui faire accroire.

DORANTE *bas à M. Jourdain.*

Il faut bien l'amuser avec cette feinte.

M. JOURDAIN.

(*bas.*) (*haut.*)

Bon, bon. Qu'on aille quérir le Notaire.

DORANTE

Tandis qu'il viendra, & qu'il dressera les contrats, voyons notre Ballet; & donnons-en le divertissement à son Altesse Turque.

M. JOURDAIN.

C'est fort bien avisé. Allons prendre nos places.

Madame JOURDAIN.

Et Nicole ?

M. JOURDAIN.

Je la donne au truchement; & ma femme à qui la voudra.

COVIELLE.

(*à part.*)

Monsieur, je vous remercie. Si l'on en peut voir un plus fou, je l'irai dire à Rome.

Fin du cinquieme Acte.

BALLET DES NATIONS.

PREMIERE ENTRÉE DE BALLET.

UN DONNEUR DE LIVRES *danſant*, IMPORTUNS *danſans*, DEUX HOMMES *du bel air*, DEUX FEMMES *du bel air*, DEUX GASCONS, UN SUISSE, UN VIEUX BOURGEOIS *babillard*, UNE VIEILLE BOURGEOISE *babillarde*, TROUPE DE SPECTATEURS *chantans*.

CHŒURS DE SPECTATEURS

au donneur de livres.

A Moi, Monſieur, à moi ; de grace, à moi, Monſieur.
Un livre, s'il vous plaît, à votre ſerviteur.

1. HOMME *du bel air.*

Monſieur, diſtinguez-nous parmi les gens qui crient ;
Quelques livres ici, les Dames vous en prient.

2. HOMME *du bel air.*

Holà, Monſieur, Monſieur, ayez la charité
D'en jetter de notre côté.

1. FEMME *du bel air.*

Mon Dieu ! Qu'aux perſonnes bien faites,
On ſçait peu rendre honneur céans !

2. FEMME *du bel air.*

Ils n'ont des livres & des bancs.
Que pour Meſdames les griſettes.

1. GASCON.

Ah, l'homme aux libres, qu'on m'en vaille !

J'ai déjà lé poulmon usé.
Bous boyez qué chacun mé raille ;
Et jé suis escandalisé
Dé boir aux mains dé la canaille.
Cé qui m'est par bous réfusé.

2. GASCON.

Hé, cadédis, Monseu, boyez qui l'on pût être.
Un libret, jé bous prie, au varon d'Asbarat.
Jé pense, mordi, qué lé fat
N'a pas l'hcnneur dé mé connoître.

UN SUISSE

Montsir le donnair de papieir,
Que vuel dir sti façon de fivre ?
Moi, l'écorchair tout mon gosieir
A crieir,
Sans que je pouvre afoir ein liffre;
Pardi, mon foi, Montsir, je pense fous l'être ifre.

(*Le donneur de livres, fatigué par les importuns qu'il trouve toujours sur ses pas, se retire en colere.*)

UN VIEUX BOURGEOIS *babillard.*

De tout ceci, franc & net.
Je suis mal satisfait ;
Et cela, sans doute, est laid.
Que notre fille
Si bien faite & si gentille,
De tant d'amoureux l'objet,
N'ait pas à son souhait
Un livre de ballet,
Pour lire le sujet
Du divertissement qu'on fait ;
Et que toute notre famille
Si proprement s'habile,
Pour être placé au sommet
De la salle où l'on met
Les gens de l'intriguet.
De tout ceci, franc & net,
Je suis mal satisfait ;
Et cela, sans doute, est laid.

COMEDIE.

UNE VIEILLE BOURGEOISE *babillarde*.
Il est vrai que c'est une honte,
Le sang au visage me monte ;
Et ce jetteur de vers, qui manque au capital,
L'entend fort mal.
C'est un brutal,
Un vrai cheval,
Franc animal,
De faire si peu de compte
D'une fille qui fait l'ornement principal
Du quartier du Palais Royal ;
Et que ces jours passés un Comte
Fut prendre la premiere au bal.
Il l'entend mal,
C'est un brutal,
Un vrai cheval,
Franc animal.

HOMMES *du bel air*.
Ah ! Quel bruit !

FEMMES *du bel air*.
Quel fracas ! Quel cahos ! Quel mélange ?

HOMMES *du bel air*.
Quelle confusion ! Quelle cohue étrange !
Quel désordre ! Quel embarras !

1. FEMME *du bel air*.
On y seche.

2. FEMME *du bel air*.
L'on n'y tient pas.

1. GASCON.
Bentre, je suis à vout.

2. GASCON.
J'enrage, Dieu mé damne.

LE SUISSE.
Ah ! Que l'y faire saif dans sti sal de cians.

1. GASCON.
Jé murs.

2. GASCON.
Jé perds la tramontane.

LE SUISSE

Mon foi, moi, je foudrois être hors de dedans.

LE VIEUX BOURGEOIS babillard.

Allons, ma mie,
Suivez mes pas,
Je vous en prie;
Et ne me quittez pas.
On fait de nous trop peu de cas;
Et je suis las
De de tracas.
Tout ce fracas,
Cet embarras.
Me pese par trop sur les bras.
S'il me prend jamais envie
De retourner de ma vie
A Ballet, ni Comédie,
Je veux bien qu'on m'estropie.
Allons, ma mie,
Suivez mes pas,
Je vous en prie;
Et ne me quittez pas;
On fait de nous trop peu de cas.

LE VIEILE BOURGEOISE babillarde.

Allons, mon mignon, mon fils,
Regagnons notre logis,
Et sortons de ce taudis
Où l'on ne peut être assis.
Ils seront bien ébaudis,
Quand ils nous verront partis.
Trop de confusion regne dans cette salle;
Et j'aimerois mieux être au milieu de la halle;
Si jamais je reviens à semblable régale,
Je veux bien recevoir des soufflets plus de six.
Allons, mon mignon, mon fils,
Regagnons notre logis,
Et sortons de ce taudis
Où l'on ne peut être assis.

COMEDIE.

Le donneur de livres revient avec les importuns qui l'ont suivi.

CHŒUR DE SPECTATEURS.

A moi, Monsieur, à moi ; de grace, à moi, Monsieur ; un livre, s'il vous plaît, à votre serviteur. *Les importuns ayant pris des livres des mains de celui qui les donne, les distribuent aux spectateurs, pendant que le donneur de livres danse ; après quoi ils se joignent à lui, & forment la premiere Entrée.*

ESPAGNOLS,
DEUXIEME ENTRÉE.
TROIS ESPAGNOLS *chantans*, ESPAGNOLS *dansans*.

I. ESPAGNOL.

Se que me muero de amor
Y solicito el dolor.

Aun muriendo de querer
De tant buen ayre adolezco
Que es mas de lo que padezco
Lo que quiero padacer
Y no pudiendo exceder
A mi-deseo el rigor.

Se que me muero de amor
Y solicito el dolor.

Lisonjea me la suerte
Con piedad tan avertida,
Que me assegura la vida
En el riesgo de la muerte

Vivir del golpe fuerte
Et de mi salud primor.

Se que me muero de amor
Y solicito el dolor.

(*Danse de six Espagnols, après laquelle deux autres Espagnols dansent ensemble.*)

1. ESPAGNOL.

Ay que locura, con tanto rigor
Quexarse de amor
Del nino bonito
Que toto es dulçura.
Ay que locura,
Ay que locura.

2. ESPAGNOL.

El dolor solicita,
El quel al dolor se da.
Y nadie de amor munere
Sino quien no save amar.

1. & 2. ESPAGNOLS.

Dulce muerte es al amor
Con correspondencia ygual,
Y si esta gozamos oy,
Porque a quieres turbar?

3. ESPAGNOL.

Alegrese enamorado
Y tome mi parecer
Que en esto dequerer
Todo es allar el vado.

TOUS TROIS ENSEMBLE.

Vaya, vaya de fiestras,
Vaya de vayle,
Alegria, alegria, alegria,
Que esto de dolor es fantesia.

COMEDIE.

TROISIEME ENTRÉE
ITALIENS,

UNE ITALIENNE *chantante*, UN ITALIEN *chantant*, ARLEQUIN, TRIVELINS & SCARAMOUCHES *dansans.*

L'ITALIENNE.

Di rigori armata il seno
Contro amor mi rebellai,
Ma fui vinta in un baleno
In mirar duo vaghi rai,
    Ahi che resiste puoco
Cor di gelo à stral di fuoco.

Ma si caro e'l mio tormento
Dolce é sì la piaga mia,
Ch'il penare é mio contento,
E'l sanarmi é tirannia.
    Ahi che più giova, e piace
Quanto amor é più vivace.

Deux Scaramouches, & deux Trivelins representent avec Arlequin, une nuit à la maniere des Comédiens Italiens.

L'ITALIEN.
Bel tempo che vola
Rapisce il contento,
D'amor ne la scola
Si coglie il momento.

L'ITALIENNE.
Infin che florida
    Ride l'étà

Che pur tropp' horrida,
Da noi sen va.

TOUS DEUX ENSEMBLE.

Su cantiamo
Su gaudiamo
Ne bei di, di gioventu;
Perduto ben non si racquista piu.

L'ITALIEN.

Pupilla che vaga
Mill' alme incatena,
Fà dolce la piaga,
Felice la pena.

L'ITALIENNE.

Ma poiche frigida
Langue l'éta,
Piu l'alma rigida,
Fiamme non ha.

TOUS DEUX ENSEMBLE.

Su cantiamo
Su gaudiamo
Ne bei di, di gioventu;
Perduto ben non si racquista piu.

Les Scaramouches & les Trivelins finissent l'Entrée par une Danse.

QUATRIEME ENTRÊE.

FRANÇOIS,

DEUX POITEVINS *chantans & dansans,*
POITEVINS & POITEVINES *dansans.*

1. POITEVIN.

AH, qu'il fait beau dans ces bocages!
Ah, que le Ciel donne un beau jour!

COMEDIE. 277
2. POITEVIN.
Le rossignol sous ces tendres feuillages
Chante aux échos son doux retour;
Ce beau séjour,
Ces doux ramages,
Ce beau séjour
Nous invite à l'amour.

TOUS DEUX ENSEMBLE.

Voi, ma Climéne,
Voi, sous ce chêne,
S'entrebaiser ces oiseaux amoureux;
Ils n'ont rien dans leurs vœux
Qui les gêne,
De leurs doux feux
Leur ame est pleine;
Qu'ils sont heureux;
Nous pouvons tous deux,
Si tu le veux,
Etre comme eux.

Trois Poitevins & trois Poitevines dansent ensemble.

CINQUIEME & derniere ENTRÉE

Les Espagnols, les Italiens, & les François se mêlent ensemblent, & forment la derniere Entrée.

CHŒUR DES SPECTATEURS.

Quels spectacles charmans, quels plaisirs goûtons-nous !
Les Dieux mêmes, les Dieux, n'en ont point de plus doux.

Fin du Ballet des Nations.

NOMS DES PERSONNES QUI ONT chanté & dansé dans le Bourgeois Gentilhomme, Comédie-Ballet.

DANS LE PREMIER ACTE.

Une Musicienne, *Mademoiselle Hilaire*, I. Musicien, *le sieur Langeais.* II. Musicien, *le sieur Gaye.* Danseurs, *les sieurs la Pierre, Saint André & Magny.*

DANS LE SECOND ACTE.

Garçons Tailleurs dansans, *les sieurs Dolivet, le Chantre, Bonard, Isaac, Magny & Saint André.*

DANS LE TROISIEME ACTE.

Cuisiniers dansans......

DANS LE QUATRIEME ACTE.

I. Musicien, *le sieur la Grille*, II. Musicien, *le sieur Morel.* III. Musicien, *le sieur Blondel.*

CÉRÉMONIE TURQUE.

Le Muphti, chantant, *le sieur Chiaccherone.* Dervis, chantans, *les sieurs Morel, Gingnan le cadet, Noblet & Philbert,* Turcs assistans du Muphti, chantans, *les sieurs Estival, Blondel, Gingnan l'aîné, Hedouin, Rebel, Gillet, Fernon le cadet, Bernard, Deschamps, Langeais & Gaye.* Turcs assistans du Muphti, dansans, *les sieurs Beauchamp, Dolivet, la Pierre, Favier, Mayeu, Chicanneau.*

COMÉDIE

DANS LE CINQUIEME ACTE.

BALLET DES NATIONS.

I. ENTRÉE. Un donneur de livres, dansant, *le sieur Dolivet.* Importuns dansans, *le sieur Saint André, la Pierre, & Favier.* I. Homme du bel air, *le sieur le Gros.* II. Homme du bel air, *le sieur Rebel.* I. Femme du bel air... II. Femme du bel air... I. Gascon, *le sieur Gaye.* II. Gascon, *le sieur Gingnan le cadet.* Un Suisse, *le sieur Philebert.* Un vieux Bourgeois babillard, *le sieur Blondel.* Une vieille Bourgeoise babillarde, *le sieur Langeais.* Troupe de Spectateurs, chantans, *les sieurs Estival Hedouin, Morel, Gingnan l'aîné, Fernon, Deschamps Gillet, Bernard, Noblet, quatre Pages de la Musique.* Filles coquettes, *les sieurs Jeannot, Pierrot, Renier, un Page de la Chapelle.*

II. ENTRÉE. I. Espagnol, chantant, *le sieur Morel.* II. Espagnol, chantant, *le sieur Grillet.* III. Espagnol, chantant, *le sieur Martin.* Espagnols dansans, *les sieurs Dolivet, le Chantre, Bonnard, Lestang, Isaac & Joubert.* Deux autres Espagnols dansans, *les sieurs Beauchamp & Chicanneau.*

III. ENTRÉE. Une Italienne chantante, *Mademoiselle Hilaire.* Un Italien, chantant, *le sieur Gaye.* Scaramouches dansans, *les sieurs Beauchamp & Mayeu.* Trivelins, dansans, *les sieurs Magny & Foignard le cadet.* Arlequin, *le sieur Dominique.*

IV. ENTRÉE. I. Poitevin, chantant & dansant, *le sieur Noblet.* II. Poitevin, chantant & dansant, *le sieur la Grille.* Poitevins, dansans, *les sieurs la Pierre, Favier, & Saint André.* Poitevines dansantes, *les sieurs Favre, Foignard & Favier le jeune.*

Fin du Tome Sixieme.

www.ingramcontent.com/pod-product-compliance
Lightning Source LLC
Chambersburg PA
CBHW050633170426
43200CB00008B/996